日韓会談1965

戦後日韓関係の原点を検証する

吉澤文寿
YOSHIZAWA Fumitoshi
新潟国際情報大学国際学部教授

高文研

はじめに

現在の日本と大韓民国（以下、韓国）との関係は、一九六五年六月二二日に締結された「日本国と大韓民国との間の基本関係に関する条約」（日韓基本条約）および諸協定（以下、日韓諸条約）を基礎としている。一九四五年に日本が第二次世界大戦に敗れ、朝鮮に対する植民地支配が終わった。それから、一九四八年の韓国政府樹立を経て、実に二〇年間かけて、両政府の外交関係がようやく正常化した。この諸条約によって、請求権、漁業、「在日韓国人」の法的地位、朝鮮由来の文化財などの諸問題が一応「決着」した。だが、今日の日韓関係を見ると、その綻びが取り繕われないまま、現在に至っているようだ。

そもそも、日韓諸条約で何が合意されたのかと改めて問うと、じつは合意ができないまま今日に至っている問題が多い。日韓基本条約第二条で「千九百十年八月二十二日以前に大日本帝国と大韓帝国との間で締結されたすべての条約及び協定は、もはや無効であることが確認される」という条文がある。これは日本の植民地支配を合法かつ正当であったとする日本側と、不法かつ不当であったとする韓国側の立場が最後まで折り合わなかったために生み出された、苦肉の策の条文である。すなわち、韓国併合までに日韓間で結ばれたすべての条約および協定が「もはや無効」、つまり一九六五年の時点で無効であるとして、日韓双方で解釈可能なかたちの条文をわざわざ作ったのである。まさに、「解決せざるをもって、解決したと見なす」条文化作業の典型である。

同じように、「財産及び請求権に関する問題の解決並びに経済協力に関する日本国と大韓民国との間の協定」（日韓請求権協定）第二条第一項の「両締約国は、両締約国及びその国民（法人を含む。）の財産、権利及び利益並びに両締約国及びその国民の間の請求権に関する問題が、千九百五十一年九月八日にサン・フランシスコ市で署名された日本国との平和条約第四条（a）に規定されたものを含めて、完全かつ最終的に解決されたこととなることを確認する」とある。この「完全かつ最終的に解決された」請求権の内容をめぐって、当時ほんとうに日韓間で合意されたのであろうか。日本は日韓請求権協定締結以来、元日本軍「慰安婦」被害者を含めて、すべて解決済みとする姿勢を維持している。一方、韓国政府は、日本軍「慰安婦」や在韓被爆者らの問題が日韓国交正常化交渉（日韓会談）で議論されておらず、現在も未解決であるとしている。

また、竹島／独島領有権についても、日韓会談当時に日本側が執拗に主張した経緯があり、最終的に「紛争の解決に関する交換公文」〈註1〉を日韓間で取り交わすことになつた。この文書には、「両国政府は、別段の合意がある場合を除くほか、両国間の紛争は、まず、外交上の経路を通じて解決するものとし、これにより解決することができなかつた場合は、両国政府が合意する手続に従い、調停によって解決を図るものとする」とある。この「紛争」について、竹島／独島が含まれるとする日本側と、含まれないとする韓国側で、立場を異にしている。

日本にある朝鮮由来の文化財の問題については、「文化財及び文化協力に関する日本国と大韓民国との間の協定」（日韓文化財協定）第二条に「日本国政府は、附属書に掲げる文化財を両国政府間で合意する手続に従ってこの協定の効力発生後六箇月以内に大韓民国政府に対して引き渡すものとする」とある。韓国側は朝鮮由来の文化財が植民地期およびそれ以前に、日本によって略奪されたものであるとして、その「返還」を求めていた。しかし、日本側は「略奪」という指摘を認めず、これを「贈与」するとしてきた。この協定の「引き渡す」という表現は、いわば双方の立場から中立的な用語を選んだものであり、これもまた妥協の産物である。

現在の日韓関係で問題になっていることの基礎は、日韓会談ですでに議論されていた。しかし、日韓両国は双方の立場を近づけることがないまま、国交正常化を最優先にして、一九六五年に交渉を終わらせた。日韓両国がベトナム戦争に介入した米国を支援するとともに、日米両国が韓国の経済開発を支援するために、国交正常化が急がれたのである。それはすなわち、中ソ対立が継続し、足並みの揃わない共産主義陣営の一角として韓国と対峙していた朝鮮民主主義人民共和国に日米韓三国が連携して対抗する体制を強化することを意味した。それ故に、東アジアの共産主義圏は日韓基本条約を「軍事同盟」であると見なし、これに強く反対した。

また、日韓国内でも日韓国交正常化をめぐって、激しい反対運動が起きた。韓国の反対運動が朴正熙《パクチョンヒ》政権の「屈辱外交」を批判し、朴政権打倒を掲げると、一九六四年六月三日に韓国政府が戒厳令を敷いてこれを鎮圧する事態に至った。翌年も反対運動が継続したが、韓国政府および与党の民主共和党は国会での強行採決で押し切り、日韓諸条約批准案を成立させた。日本の反対運動は「第二の安保闘争」として展開され、とりわけ一九六五年の日韓諸条約批准国会（第五〇回）で反対運動への動員数が最大となった。しかしながら、日本政府および与党の自民党は衆参両院の委員会と本会議における四度の強行採決で日韓諸条約批准案を成立させた。

当時の反対運動は、日韓国交正常化の諸問題を鋭く指摘していた。日韓間の合意をめぐって、日本と韓国の国会で野党が双方の政府の見解を問い質し、その矛盾を明らかにしている。

韓国の反対運動は、日韓国交正常化によって平和線（李承晩《イスンマン》ライン）〈註2〉を放棄し、正当な対日賠償要求を放棄したとして、韓国政府を批判した。

日本の反対運動は日韓国交正常化によって、日本がアジアの戦争に巻き込まれ、朝鮮の南北分断を固定し、日本が再び韓国に経済侵略するという「新植民地主義」が始まると主張した。今日、日韓基本条約を軍事同盟とするような、安全保障との関連で論じられることはほとんどない。

だが、当時はアジア太平洋戦争終結から二〇年、朝鮮戦争休戦から一二年しか経っておらず、戦争の傷跡はまだ生々しく残っていた。とくに朝鮮人たちにとって、植民地支配によって辛酸をなめた経験もただの昔話ではなかった。

では、日韓会談で議論された諸問題、あるいは置き去りにされた諸問題は現在どうなっているのだろうか。戦争被害者の人権回復、竹島／独島領有権、文化財などの諸問題もさることながら、ソ連が崩壊し、中華人民共和国（以下、中国）が資本主義を導入してからも、日米韓三国は朝鮮民主主義人民共和国と対峙するために連携を維持している。日本の自衛隊は設立以後、海外派遣の事実を着実に積み重ね、いまや平和憲法の下で集団的自衛権行使により、公

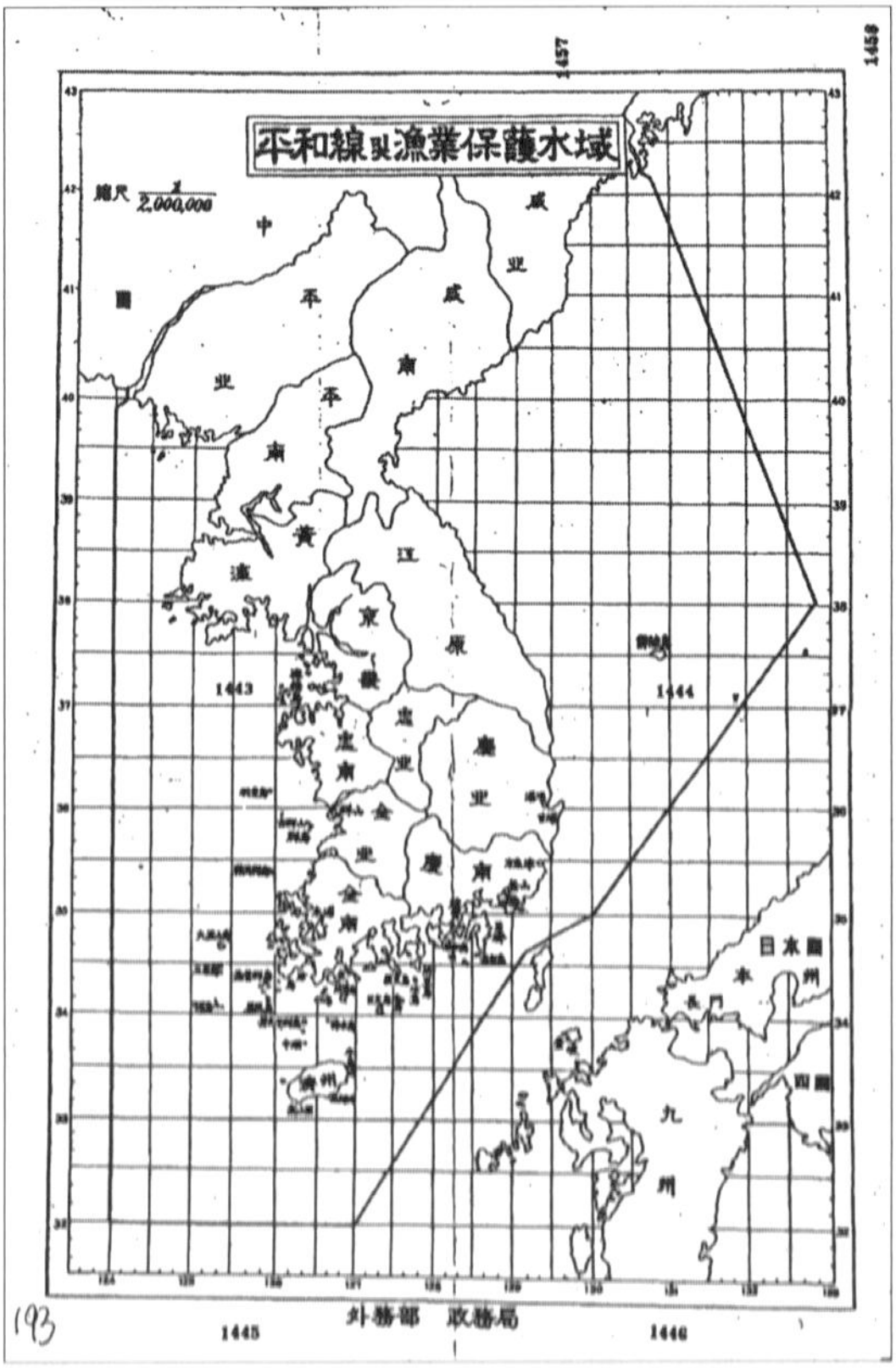

李承晩ライン（文書名：「第６次韓日会談漁業及び平和線委員会会議録及び基本政策 1961–62. 3」掲載の図を転載〈韓729/193 頁〉）。

然と戦地に赴くことができるようになった。韓国もまた、ベトナム戦争以後も国軍を海外に派兵しており、依然として国家保安法〈註3〉が残存し、二〇一四年一二月一九日に朝鮮民主主義人民共和国との関係を理由に統合進歩党（筆者注＝二〇一一年一二月発足。「進歩的民主主義」や「民族解放」を理念として掲げていた）が解体させられる事態まで起きている。そして、日韓関係が沈滞すると、日本および韓国に米軍基地を置いて中国に対抗している米国がその関係改善の仲介役を買うのも、日韓会談当時の構図そのままである。

たしかに、日韓国交正常化にともなう日本の対韓経済協力は、米国資本の対韓投資および韓国製品の輸出先としての巨大な米国市場の存在とともに、韓国の経済開発に寄与したといってよいだろう。そして、韓国の民主化を実現させた主役がいわゆる中産階級であり、その形成要因として「漢江の奇跡」と呼ばれる、とくに一九八〇年代の韓国経済の成長を挙げる議論は一理あるだろう。盧泰愚《ノテウ》政権が中国およびソ連と国交を樹立し、金泳三《キムヨンサム》政権以降の韓国政治がグローバル化する国際社会に適応しながら、「先進国クラブ」といわれる経済協力開発機構（ＯＥＣＤ）加盟国として現在に至っていることも事実である。そして、国交正常化以後、日韓両国が緊密に連携し、両国のヒト、モノ、カネ、文化などが相互に交流してきたことも認めよう。

だが、これだけ緊密になった日韓関係であるにもかかわらず、国交正常化当時から指摘されてきた諸問題は未だに解決されていない。言わば、冷戦期において、それらの諸問題が「冷凍保存」され、脱冷戦とともに「自然解氷」して現在に至っているかのようだ。二〇一四年一一月に行なわれた日本の内閣府による「外交に関する世論調査」で、韓国に親近感を持たないと答えた者が一九七八年からの調査開始以来最悪の六六・四％に達した。「日本国に居住する大韓民国国民の法的地位及び待遇に関する日本国と大韓民国との間の協定」（「在日韓国人」法的地位協定）発効以来、徐々に永住権が認められてきたはずの在日朝鮮人を日本社会から排除しようとする動きが目立ってきた。二〇一四年一二月九日、京都朝鮮学校に対する「在日特権を許さない市民の会（在特会）」のヘイトスピーチ訴訟は、同会に対して賠償を命ずる判決が最高裁で確定したが、書店に行けば、依然として「嫌韓」本が所狭しと並んでいる。

日韓国交正常化から五〇年来の問題は必ず解決しなければならない。その根幹にあるのは「歴史認識」、より正確に言うと朝鮮植民地化および植民地支配に対する認識の問題である。日韓間で無理に共通の歴史認識を作る必要はないという議論もあるようだが、この問題をずっと放置してきたからこそ現在のような最悪の日韓関係に至っている。歴史対話を怠りつつ「未来志向」を目指す手法はすでに手詰まりである。

これらの課題をいつまでも置き去りにして、後世、つまり自分の子どもや孫の世代にそのツケを回してよいのか。このように山積した「歴史問題」に向き合うこと、そして日韓間の諸問題の解決に向けたあらゆる努力を傾けるとともに、日朝国交正常化交渉、そして朝鮮における南北対話を進めることも、重要な課題である。

本書は以上のような願いを込めて、今まで発表してきた研究成果を土台として、日韓諸条約についてより広く理解してもらうことを目指して、加筆修正を行なった。とくに、日韓諸条約の条文のみを取り上げて解釈するよりは、交渉経緯をなるべくていねいに追うことで、それらの条文化過程を重視した叙述を心がけた。現在の日韓諸条約論議のなかで、もっとも欠落しているのがこの部分だからである。

なお、参考文献などは「あとがき」および巻末の参考文献一覧を参照されたい。

【本書における表記などについて】

(1)本書では朝鮮半島および周辺の島嶼、あるいは朝鮮民族（韓民族）の総称として「朝鮮」と表記する。大韓民国および朝鮮民主主義人民共和国の略称は本来「韓国」「朝鮮」であるが、後者については総称と混同するため、正式名称を使うことにする。また、一九四五年の日本敗戦から一九四八年の南北政府樹立まではそれぞれ「南朝鮮」「北朝鮮」とする。

(2)植民地朝鮮出身者およびその直系卑属について、「韓国籍」「朝鮮籍」を問わず、「在日朝鮮人」と総称する。ただし、「在日韓国人」法的地位協定のように、「韓国（国）籍」保持者に限定して使用される場合は「在日韓国人」と表記する。

(3)「在日韓人」や「北鮮」など、協定や引用史料で使用されている表現は、原文通り表記する。
(4)本書で使用した外交文書について、韓国政府公開文書は東亜日報ウェブサイト http://www.donga. com/ news/ d_story/politics/K_J_agreement65/data.html で閲覧可能である。また、東北亜歴史財団が運営する「東北亜歴史ネット」http://contents.nahf.or.kr/ というウェブサイトでは文書の細目別に閲覧できる。直接閲覧したい場合は、ソウル市内にある外交史料館で閲覧できる。日本政府公開文書は「日韓会談文書・全面公開を求める会」ウェブサイト http://www.f8.wx301.smilestart.ne.jp/ より閲覧可能である。残念ながら、二〇一五年六月現在、日本では外交史料館などの公的機関でこれらの文書を直接閲覧することはできない。

【註】


〈1〉「交換公文」とは書簡の交換によって国家間の合意を表した文書で、通常批准〔全権委員が署名した条約に対する、当事国における最終的な確認・同意の手続き〕を必要としない。

〈2〉一九五二年一月に李承晩大統領は「海洋主権宣言」を発表し、沿岸から最長二〇〇海里にある水産物・天然資源を保護・利用する権利を主張した。後に韓国政府はこのライン内に入った日本漁船を拿捕するようになった。日韓基本条約とともに締結された「日本国と大韓民国との間の漁業に関する協定」により事実上撤廃された。

〈3〉一九四八年一二月に制定され翌年に最高刑が死刑に引き上げられた。「反国家団体」の構成員や同調者などを処罰する内容であるが、朝鮮民主主義人民共和国政府に通じているという理由で政府批判を押さえ込む道具として利用され、人権侵害を引き起こしてきた。

装丁＝商業デザインセンター・増田 絵里

目次

はじめに……1

I 日韓諸条約はこうして結ばれた

第一期　敗戦／解放から第一次会談まで……21
第二期　一九五〇年代の日韓会談……26
第三期　一九六〇年代の日韓会談……32
おわりに
コラム① 近年公開された日韓会談関連文書公開について
コラム② 「賠償」と「補償」の違い
コラム③ 旧宗主国と旧植民地との国交樹立と賠償問題
コラム④ 日韓関係に対する米国の仲介

II 韓国併合条約はいつから「無効」なのか
──基本関係

1 旧条約無効確認条項をめぐる激論……55

日韓両国の事前準備
日韓双方から提示された条約案
その後の論議
2　立場調整の時期……63
第二次および第三次会談における基本関係交渉
中断期から第四次会談までの日本側の基本関係方針
第五次会談における日本側の基本関係方針
第六次会談における基本関係交渉
3　合意なき妥結を目指して……72
日韓双方の交渉方針
日韓双方から提示された第一次条約案をめぐって
以後の基本関係委員会で提示された条約案をめぐって
椎名外相訪韓時の基本関係交渉——決着の先送り
おわりに

III「完全かつ最終的に解決された」請求権とは何だったのか——財産請求権

1　在朝日本人財産への関心……93
なぜ日本側は在朝日本人財産の請求権を主張したのか
2　日本政府による「債務履行」案をめぐって……99
外務省が「債務履行」を検討していた理由
「債務履行」から「経済協力方式」への方針転換
3　「完全かつ最終的に解決」された請求権の内容……107
被害者一人ひとりよりも、韓国政府への一括資金供与へ
日本人への補償も回避する方針
大蔵省がこだわった「完全かつ最終的な解決」
「請求権」は「いちゃもん権」
戦争犯罪に関する請求権は想定されていなかった
おわりに

Ⅳ　在日朝鮮人の「消去」を目指して
――「在日韓国人」法的地位

1　対日講和条約発効までの交渉……128
日本政府による「回復プラス帰化」方針

予備会談および第一次会談における議論
2　対日講和条約発効からの一九五〇年代の交渉……134
第二～三次会談における議論
第四次会談における議論
3　一九六〇年代の交渉……141
第五次会談における議論
第六次会談における議論
第七次会談における議論
おわりに

V　「返還」か「贈与」か
——朝鮮由来の文化財をめぐって

1　韓国政府による対日賠償要求調査……167
2　文化財交渉における典籍目録について……170
第一～三次日韓会談における議論
一九五八年の文化財引き渡しをめぐって

第四次日韓会談における議論
第五〜六次日韓会談における議論
第七次会談から文化財協定に基づく朝鮮文化財の引き渡しまで
おわりに

VI 竹島／独島領有権問題の帰着点は？

1 第六次会談——「議題化」をめぐって …… 196
2 第七次会談——妥結に向けて …… 198
3 竹島／独島領有権から見た「一九六五年体制」 …… 202
おわりに

資料編 …… 209

＊日韓会談の概要
＊日韓基本条約（日本国と大韓民国との間の基本関係に関する条約）
＊日韓請求権協定（財産及び請求権に関する問題の解決並びに経済協力に関する日本国と大韓民国との間の協定）

＊日韓請求権協定第二条に関する合意議事録
＊「在日韓国人」法的地位協定（日本国に居住する大韓民国国民の法的地位及び待遇に関する日本国と大韓民国との間の協定）
＊日韓文化財協定（文化財及び文化協力に関する日本国と大韓民国との間の協定）
＊日韓漁業協定（日本国と大韓民国との間の漁業に関する協定）
＊日本国と大韓民国との間の紛争の解決に関する交換公文
＊対日講和条約（日本国との平和条約）
＊日韓共同宣言（日韓全面会談再開に関する共同発表）
＊一九五一年一〇月四日公布の出入国管理令第二四条第一項第四号に列挙された退去強制事由
参考文献……239
あとがき……247

I 日韓諸条約はこうして結ばれた

この章では、第二次世界大戦が終結した一九四五年から一九六五年一二月の日韓基本条約および諸協定の発効（「在日韓国人」法的地位協定のみ一九六六年一月発効）までの過程を叙述し、日韓会談を概観してみたい。とくに日本国との平和条約（サンフランシスコ講和条約、以下、対日講和条約）発効に基づく東南アジア諸国と日本との国交正常化交渉における賠償問題（章末コラム⑶「旧宗主国と旧植民地との国交樹立と賠償問題」参照）との比較などをふまえて、日本と南北朝鮮との関係、さらに東アジア国際関係において、脱植民地化プロセスとしての日韓国交正常化の意味を、大づかみに理解することを目指したい。

時期区分としては、一九四五年八月の日本敗戦から、一九五一年一〇月の日韓予備会談開始を経て、一九五二年四月の対日講和条約発効までを【第一期】、中断と再開を繰り返した一九六〇年四月までを【第二期】、そして一九六五年までに交渉が妥結へと向かう【第三期】とする。

第一期を対日講和条約発効までとしたのは、米国の仲介（章末コラム⑷「日韓関係に対する米国の仲介」参照）の下で、日韓国交正常化が台湾の中華民国との講和（日華講和）とともに、日本独立と同時に東アジア反共体制を実現させることを目指すものであったためである。

第二期は日本独立という時機を逸し、日韓国交正常化が実現する見通しのないまま、いわば漂流した時期といえる。一九五〇年代の日本と南北朝鮮との関係は、とりわけ在日朝鮮人問題をめぐって緊張を高めた。

そして、第三期は韓国の経済開発という大きな目標に向けて、日本、韓国、そして米国が歩調を合わせる時期であり、その目的に沿って日韓国交正常化が実現する。それゆえに、一九六五年の日韓国交正常化は現在の日本と南北朝鮮との関係について、多くの課題を残す結果をもたらした。

では、この時期区分に沿って、日韓会談の展開を追ってみよう。

第一期　敗戦／解放から第一次会談まで
——一九四五年八月〜一九五二年四月

一九四五年八月の日本敗戦後、米軍政下の南朝鮮では対日賠償要求調査が始まり、韓国政府樹立後の一九四九年に『対日賠償要求調書』全二巻が完成した。南朝鮮、そして韓国では早くから日本からの賠償資金による経済復興を検討していた。一九四九年四月に締結された日韓通商協定は韓国の李承晩政権が日韓経済「再結合」による経済復興を目指したものであった。(註1)また、米国においても、一九四九年に対韓援助供与を決定すると、陸軍省、経済協力局、国務省によって日韓経済統合のあり方を模索した。(註2)このように、米韓当局は日本との関係改善による韓国経済復興を検討していた。なお、ソ連軍占領下の北朝鮮では日本人財産接収などが行なわれたが、その後に樹立した朝鮮民主主義人民共和国政府においてどのような対日賠償要求調査が行なわれたかは明らかになっていない。

一方、日本では、外務省、大蔵省が中心となって、連合国との講和条約締結のための準備作業として、戦後処理問題の研究を進めていた。外務省では一九四九年一二月に平和条約問題研究幹事会が「割譲地に関する経済的財政的事項の処理に関する陳述」をまとめた。また、大蔵省管理局の付属機関である在外財産調査会は一九五〇年七月までに『日本人の海外活動に関する歴史的調査』全三五巻を作成した。これらの研究活動は連合国からの賠償要求に対応するために、戦前の「日本および日本人の在外財産の生成過程」が「帝国主義発展史ではなく、国家或は民族の侵略史でもない」「正常な経済活動」であったと訴えることを目標としていた。〈註3〉すなわち、日本政府は、戦争や植民地支配に対する賠償よりも、日本国内の経済復興を優先させる方針であったといえる。

一九五〇年六月に朝鮮戦争が勃発し、朝鮮において南北両軍に加えて米国、日本、中国、ソ連が直接または間接にこれに関与する中、一九五一年九月に対日講和条約が調印された。その後、米国は日本と韓国および中華民国との国交正常化交渉を示唆する。これが、米国によって日米安保条約の同盟国である日本と、韓国および台湾を結びつける動きであることは明らかであった。米、日、韓、台いずれの政権もソ連、中国、朝鮮民主主義人民共和国という共産主義圏の脅威に対抗するための結束を必要としていた。しかし、日華講和条約交渉が蔣介石率いる国民政府の対日求償権放棄によって国交正常化にこぎ着けたのに対し、日韓会談は対日講和条約発効までに妥結できなかった。

日韓の交渉姿勢の決定的な違いは植民地支配に対する認識をめぐる問題にあった。この点についてもっとも鋭く意見が対立したのは、一九五二年二月一五日から始まった第一次会談における財産請求権委員会であった。議論の焦点は、日本側の在朝日本人財産に対する請求権（以下、対韓請求権）を認めるかどうかであった。その背景は次のとおりである。

まず、対日講和条約第四条a項にて、日本とその旧植民地にある当局との間の財産および請求権について、二者間で討議する旨が規定された。さらに、同条b項において、日本が、旧植民地における米軍政府によって行なわれた財産処理の効力を承認すると規定されている。このように、対日講和条約によると、請求権問題は日韓間の議題となったものの、日本が在朝日本人財産について主張することができなかった。

一九五二年二月二〇日の財産請求権委員会第一回会合で、韓国側は先述した『対日賠償要求調書』の内容および対日講和条約第四条の規定をふまえて、「韓日間財産および請求権協定要綱」を提出した。これに対し、日本側は三月六日の第五回会合で「日韓間に取決められるべき財産及び請求権の処理に関する協定の基本要綱」を提出し、対韓請求権を主張したのである。

当然ながら、韓国側はこれに抗議した。第一回会合における林松本《イムソンボン》代表のあいさつの通り、韓国側は米軍政府による在朝日本人財産の接収および韓国政府への譲渡が対日講和条約第一四条に規定された賠償に似た措置であり、日本側がこの財産に対する請求権を主張できないとした（註4）。一方、日本側は対日講和条約第四条b項によって米軍政府の措置を「承認する」としつつも、ハーグ陸戦法規第四六条の私有財産没収禁止条項を理由に、処分された私有財産の対価および果実に対する請求権を持つと反論したのである。(註5) 日本側の主張が前述の戦後処理問題研究をふまえたものであることは明らかである。つまり、この主張の対立は、対日講和条約第四条b項をめぐる解釈論として繰り広げられたが、その根底にあるのは植民地支配が正当な行為であったか、戦争賠償に値すべき搾取行為であったかという認識の違いにあったといえよう。

他の懸案について述べると、基本関係(筆者注＝「基本関係」という用語には、韓国側が「過去を清算するための実質的な平和条約」を締結することを強調して、「友好条約」に代えて「基本条約」という名称を提案し、日本側がこれを受け入れた経緯がある)は旧条約無効確認条項(後述)をめぐる対立のみが残されていた。また、法的地位については強制退去の年数および条件を除いて、ほぼ妥結線が見えていた。しかし、請求権問題で原則的な対立が解消されず、さらに一九五二年一月に李承晩政権が韓国沿岸に宣言した平和線(李承晩ライン)問題(四ページ参照)が台頭したことにより、日韓会談はいっそう妥結困難となった。

この時点で、韓国政府が請求権問題で日本側に歩み寄ることはなかった。当時、韓国政府は米国の支援の下で朝鮮戦争を戦っており、当面米国の支援が得られる見通しがあった。日米安保条約が締結されたため、朝鮮戦争へ出動する在日米軍基地は日本独立後も健在であった。そのため、中国大陸から台湾に追い込まれて苦しい立場にあった中華民国政府とは異なり、韓国政府はあえて不利な条件で対日関係を改善する必要がなかった。一方、朝鮮戦争で特需の恩恵を受けていた日本政府も、韓国からの対日請求権に即応し国交正常化するよりも、戦後処理問題を先延ばし、ひたすら自国の経済復興を優先させたのであった。

第二期　一九五〇年代の日韓会談

——第二次〜第四次会談（一九五三年四月〜一九六〇年四月）

日韓会談は対日講和条約発効を期に中断し、再開までに約一年を要した。会談中断直後、日本政府の対韓請求権に関連し、米国務省は韓国政府からの要請に応じて、対日講和条約第四条b項についての見解を示した（詳しくは、一二一ページ〈註5〉参照）。この見解は、日本政府が在朝日本人財産に対する有効な請求権を主張できないこと、しかしながら、このことが請求権交渉の内容に関連があるというものであった。したがって、この見解は日本政府の対韓請求権主張を否定するとともに、請求権交渉において、韓国政府による在朝日本人財産取得を考慮すべきであるというものであった。だが、日本政府は交渉が長引くほど、日本側に有利であるという判断の下、韓国側の対日請求権放棄を目指して、対韓請求権を引き続き堅持した〈註6〉。

一方、韓国政府もその主張を変えることはなかった。したがって、一九五三年四月から七月にかけて再開された第二次会談の請求権委員会で日本側が韓国側の照会に対して三度にわたり覚書を手渡すなど、わずかな進展があったものの〈註7〉、結局、一九五三年一〇月の第三次会談の久保田発言により、日韓会談は完全に決裂したのであった。

久保田発言とは、日本側首席代表の久保田貫一郎外務省参与が〈註8〉一〇月一五日の請求権委員会で対韓請求権主張に関連して行なった一連の発言を指す。その内容は、植民地朝鮮における日本人の蓄財の正当性ばかりでなく、「当時、外交史的に見たとき、日本が（朝鮮に—筆者注、以下同様）進出しなければ、ロシアか中国が占領し、現在の北朝鮮のように、より悲惨であったろう」とか、「（米英中の首脳が日本の領土問題を話し合い、朝鮮の独立を決めたカイロ宣言は—引用者注）連合国が戦時中に興奮して述べたもの」などと主張したものであった。〈註9〉一〇月二一日の本会談で韓国側がこの発言の撤回を要求したが、久保田が「発言が誤りであったと考えていない」と述べたため、〈註10〉日韓会談は決裂した。また、久保田発言は、日本の国会やメディアで何ら批判されることがな

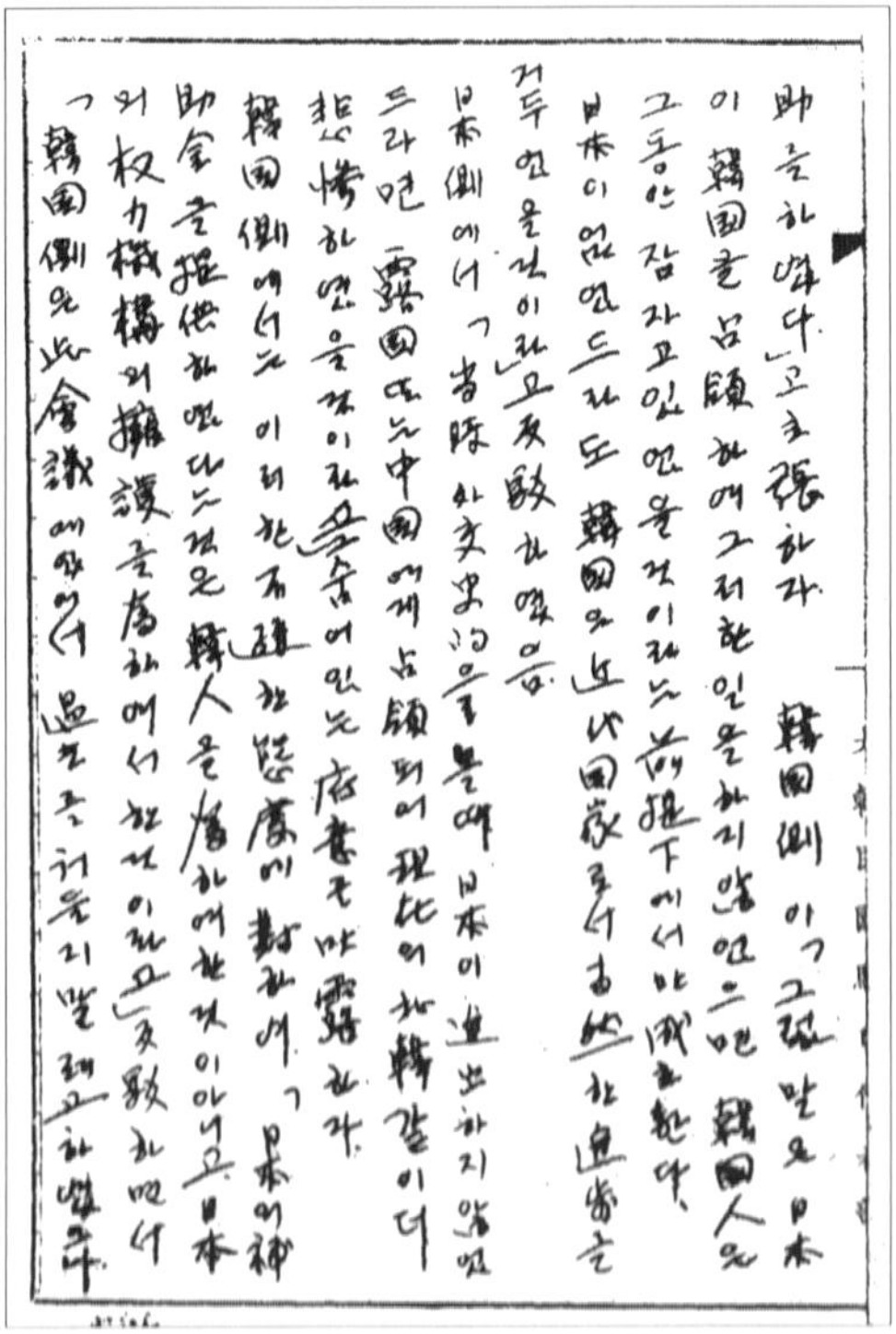

久保田発言の一部（韓 97/27 頁）。「当時の外交史的に見ると、日本が進出しなかったら、（引用注—大韓帝国が）露国または中国に占領され、現在の北韓のようにもっと悲惨だっただろう」という久保田の発言がある。

かった。このように、この段階で会談を決裂に導いたのは日本側の対韓請求権主張であり、その根底にある植民地支配認識の問題であった。

決裂後も米国が日韓会談再開に向けて仲介に乗り出すなどの動きが見られた。しかし、それらの活動はいずれも成果を上げなかった。この間、平和線「侵犯」による日本漁船拿捕問題、竹島／独島領有権問題、強制退去処分により大村収容所に送致された在日朝鮮人の問題など、日韓間の諸懸案が顕在化した。そのような中で、日韓の外務官僚は日韓会談再開に向けて、会合を重ねていた。懸案は抑留者相互釈放問題と、久保田発言および対韓請求権撤回問題であった。

これらの諸懸案についての合意内容は、一九五七年一二月三一日の日韓共同宣言によって明らかにされ、日韓会談が再開されることになった。日本側による対韓請求権撤回は先述の米国務省の見解に沿うかたちで行なわれた。宣言とともに取り交わされた議事録では、この見解が請求権の相互放棄を意味しないことで日韓双方が合意している。だが、共同宣言の発表前日の閣議で藤山愛一郎外相は、「日本側としては韓国側の莫大な要求に対しては米国覚書の趣旨（筆者注＝先述の米国務省が韓国政府からの要請に応じて、対日講和条約第四条b項について示した見解）を援用して実際上対抗できる」と述べ、韓国側の請求権の減殺を目指すことを示唆した。〈註11〉

こうして、日韓会談最大の懸案であった対韓請求権問題は日本側が撤回することで妥結した。ところが、第四次会談が一九五八年四月に始まるとすぐに、世界の耳目を集めたのが在日朝鮮人帰国運動であった。一九五九年八月に「日本赤十字社と朝鮮民主主義人民共和国赤十字会との間における在日朝鮮人の帰還に関する協定」（コルカタ協定）が成立し、同年一二月に第一船が新潟港を出発した。帰国運動が着々と進行する一方、すべての在日朝鮮人を韓国国民とする韓国政府はこれを「北送」と呼び、終始一貫して反対した。

第四次会談は中断と再開を繰り返しつつ、韓国政府が帰国運動の阻止を図る場となった。しかし、その主たる議論が行なわれた「在日韓国人」法的地位委員会では、在日朝鮮人の韓国への帰国のための協定締結を優先する韓国側と、再び懸案となった抑留者相互送還を優先する日本側が対立し、何も合意することができなかった。このように、第四次会談は当初、日本側による対韓請求権の放棄が実現したことにより、請求権問題を含む諸懸案の討議の進捗が予想された。しかし、結局会談は妥結の糸口さえ見つからないまま、一九六〇年の韓国四月革命（筆者注＝一九六〇年四月一九日に韓国全土で起きた学生蜂起を頂点とし、李承晩政権を倒した同年三～四月の一連の反独裁民主闘争）によって中断されたのである。

ところで、日本政府は日韓会談を進める一方で、ビルマ、フィリピン、インドネシア、南ベトナムという東南アジア諸国と次々と賠償協定を結んだ。これらの協定ではいずれも日本が役務（つまり日本側が提供する労働）および生産物（つまりカネではなく、モノ）を賠償として求償国に供与する方式が採られている。また、ラオスおよびカンボジアとの経済技術協力協定では求償権放棄と経済協力実施が併記されている。

すなわち、東南アジア諸国に対する日本の賠償はもっぱら経済協力であり、個人の被害に対する補償には全く充てられなかった。外務省内に設置された賠償問題研究会が刊行した『日本の賠償――その現状と問題点』によれば、「そもそも賠償は、戦争中我国が与えた損害と苦痛の償いであるとしながらも、それのみにとどまるものではなかった。つまり、日本の賠償は単なる「償い」ではなく、求償国との政治的、経済的関係の基礎を築くものであると同時に、求償国の経済発展に寄与することで「求償国民の対日感情の好転を図る」ためのものであった〈註12〉。

東南アジアとの賠償交渉においても、当該国の経済発展に寄与することで、反共体制を強固にするという大きな目標があった。しかし、同様の目的を持つ日韓会談が進展しなかった原因はどこにあったのだろうか。

第一に、日本独立という時機を逸した後も、日韓双方が基本的な交渉姿勢を調整せず、妥結に向けた「有効」な行動を示さなかったことにある。

第二に、やはり植民地支配認識をめぐる問題である。久保田発言によって会談が決裂した後に、久保田発言および対韓請求権の撤回という日韓合意はようやく成立する。だが、双方の植民地支配認識が変化したわけではなかった。

第三に、植民地支配の結果として形成された在日朝鮮人をめぐる問題であり、具体的には、帰国運動が日韓会談の阻害要因として台頭した。このように、一九五〇年代の日韓会談は植民地支配を原因とする諸課題について、日韓政府当局が対処できないまま、妥結の兆しさえ見えないまま、漂流し続けたのであった。ただし、先に見た日本と東南アジア諸国との賠償交渉の内容はやがて一九六〇年代の日韓会談に大きく波及したのであり、その意味で日韓会談妥結の原型を示したものと理解することができる。

第三期　一九六〇年代の日韓会談
——第五次～第七次会談（一九六〇年一〇月～一九六五年六月）

朝鮮民主主義人民共和国が朝鮮戦争後の戦後復興を順調に進める一方、韓国で李承晩政権崩壊後に成立した張勉《チャンミョン》政権、朴正熙政権は経済開発のために対日関係を改善することを本格的に打ち出した。この背景には、一貫して対韓援助を続けてきた米国の財政悪化がある。すなわち、米国の対韓援助は一九五七年をピークとして、減少傾向を示した。そのため、一九六〇年代の韓国政府は米国および日本との関係を軸とする経済発展を、以前よりも切迫した課題とした。日本の池田勇人政権、米国のケネディ政権は四月革命後に成立した張勉政権のみならず、一九六一年五月一六日に陸軍将校らが起こした軍事クーデターで成立した朴正熙政権も支持し、韓国の経済開発を急いだ。この線に沿って、この時期の日韓会談では、請求権問題や漁業問題をはじめとする、一九五〇年代に現れたさまざまな妥結阻害要因の「消去」が追求され、会談妥結へと向かうのである。ここで「消去」という言葉は、問題の解決を目指すというよりも、それを巧妙にうやむやにするかたちでの妥結を目指したという意味として用いる。

一九六〇年九月には日本の小坂善太郎外相が日本の外相として初めて韓国を訪問した。その翌月から六一年五月まで行なわれた第五次会談において、韓国政府が提示した請求権の内容についての討議が始まった。これと並行して、日本および韓国政府内で請求権交渉の妥結線が模索された。韓国政府は一九六一年一月一三日に請求権委員会関係者を集めて会議を行ない、請求根拠や証拠資料などから請求項目の強弱を検討しつつ、日本との交渉を通じて請求金額を確定する方針を確認した。〈註13〉一方、日本政府は一九六〇年七月二二日に外務省北東アジア課が起案した対韓交渉方針を通して、請求権論議を「一種の『棚上げ』とする」とともに、「過去の償いということではなしに、韓国の将来の経済および社会福祉に寄与するという趣旨」の対韓経済協力を行なうことを確認した。〈註14〉

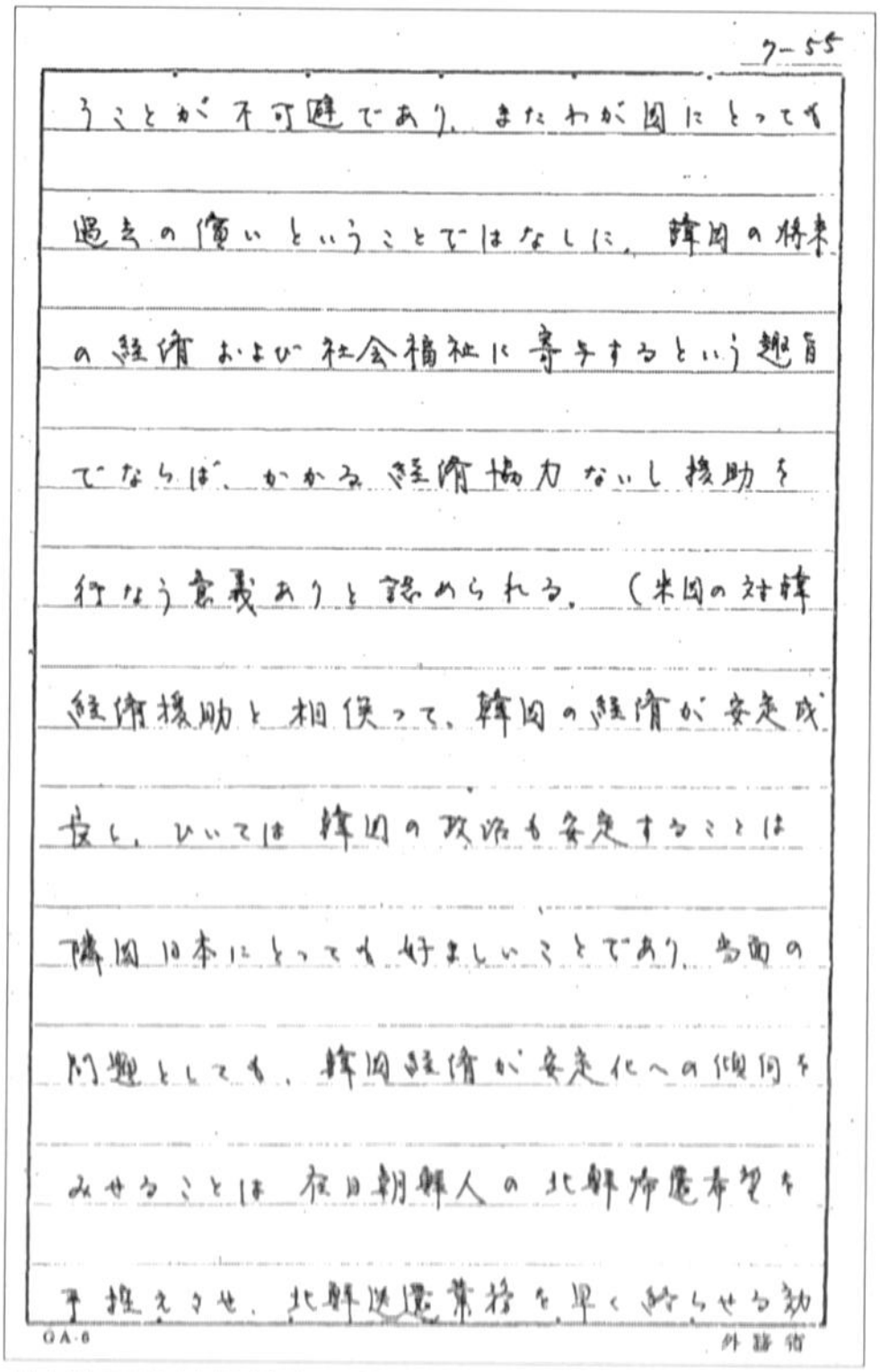
7-55

うことが不可避であり、またわが国にとっても過去の償いということではなしに、韓国の将来の経済および社会福祉に寄与するという趣旨でならば、かかる経済協力ないし援助を行なう意義ありと認められる。（米国の対韓経済援助と相俟って、韓国の経済が安定成長し、ひいては韓国の政治も安定することは隣国日本にとっても好ましいことであり、当面の問題としても、韓国経済が安定化への傾向をみせることは在日朝鮮人の北鮮帰還希望を予控えさせ、北鮮送還業務を早く終らせる効

GA-6　外務省

「対韓経済技術協力に関する予算措置について」（日505-1/60頁）

こうして、第五次会談、そして一九六一年一〇月から始まった第六次会談において、対日請

求権の具体的討議がなされた。同年一一月には池田首相と朴正煕国家再建最高会議議長による日韓首脳会談が実現し、対日請求権が法的根拠のあるものに限ることで合意が成立した。この「法的根拠のあるもの」とは、朝鮮銀行を通じて搬出された地金銀、朝鮮に本社または事務所があった法人の在日財産、有価証券、日本銀行券、徴用された朝鮮人への未払い金などの項目を含んでいたが、すべて大日本帝国当時の法律関係を前提とする債務、債権にかかわるものであった。だが、日韓の交渉担当者は具体的討議をできる限り早く切り上げ、対韓経済協力の金額をめぐる折衝に移行することを目指した。そのため、この討議は結論を明確に出さないまま中断された。

一九六二年三月の日韓外相会談で提示された金額は、日本側が七〇〇〇万ドル、韓国側が七億ドルであった。その後、事務レベルでの折衝を通しても、日韓間の金額の差異は容易に縮まらなかった。結局、請求権交渉は政治的解決に委ねられ、一九六二年一〇月および一一月の大平正芳外相と金鍾泌中央情報部長との会談によって、無償経済協力三億ドル、有償経済協力二億ドル、民間経済協力一億ドル以上という妥結線が確定した（筆者注＝無償・有償経済協力は政府、民間経済協力は企業が出資する。なお、民間経済協力はその後の交渉で三億ドル以上とされた。これらは最終的に一〇年かけて支払われることになった。なお、一九六五年一二月に確定した一九六六年度の韓国の国家予算は約四・五億ドル、一九六五年の日本の外貨準備高は約二一億ドルだった）〈註15〉。

その金額は対日請求権の規模を勘案しつつも、韓国の経済開発に必要な金額、そして日本が対

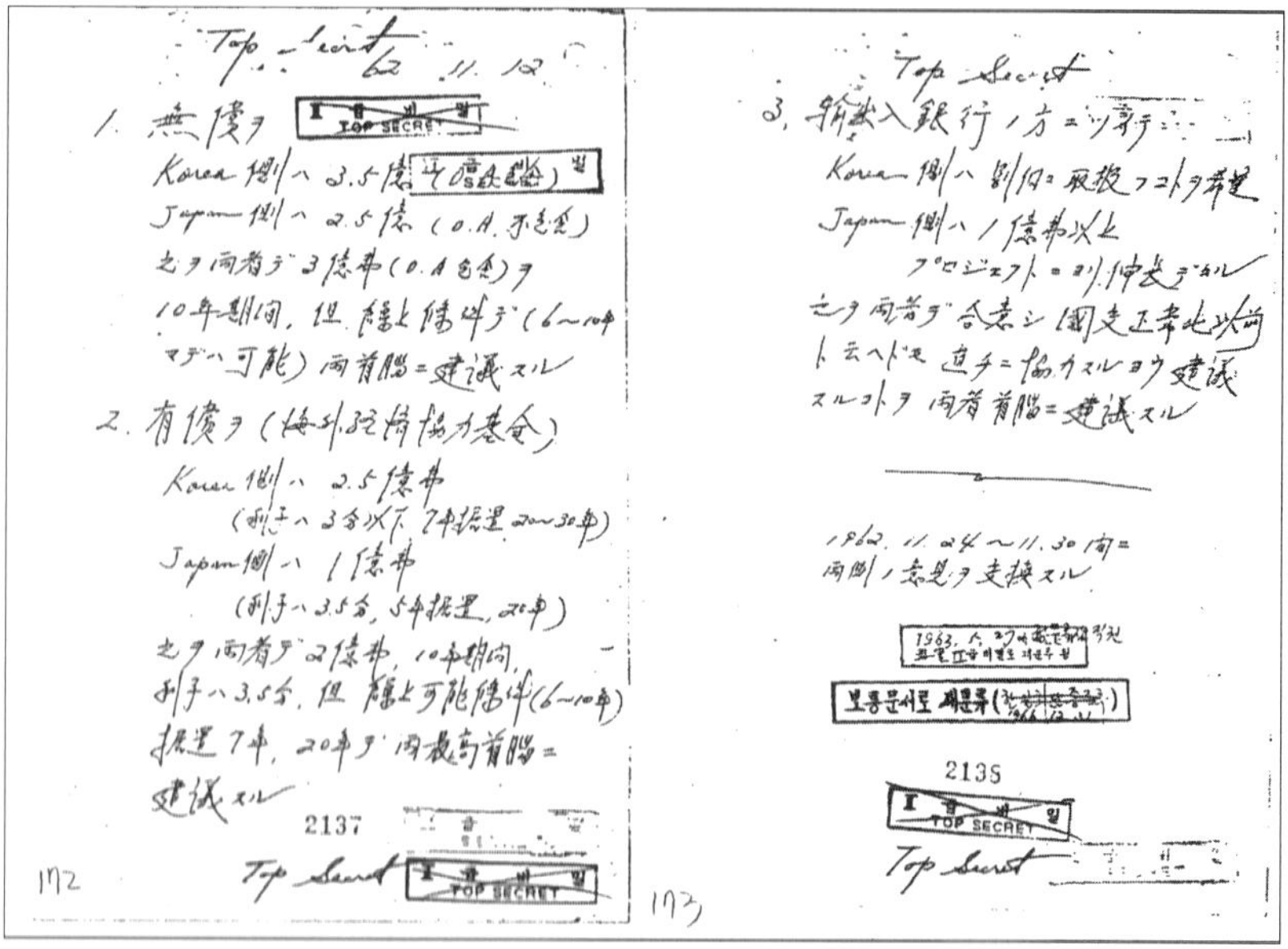
Top Secret 62. 11. 12

1. 無償ヲ　TOP SECRET
Korea側ハ 3.5億
Japan側ハ 2.5億（O.A.不包含）
之ヲ両者デ3億弗（O.A包含）ヲ
10年期間，但 繰上償却デ（6～10年
マデハ可能）両首脳ニ建議スル

2. 有償ヲ（海外経済協力基金）
Korea側ハ 2.5億弗
（利子ハ3分以下 7年据置 20～30年）
Japan側ハ 1億弗
（利子ハ3.5分，5年据置，20年）
之ヲ両者デ2億弗，10年期間，
利子ハ3.5分，但 繰上可能償却（6～10年）
据置7年，20年デ両最高首脳ニ
建議スル

2137
Top Secret　TOP SECRET
172

Top Secret
3. 輸出入銀行ノ方ニツキテ
Korea側ハ 別個ニ取扱フコトヲ希望
Japan側ハ 1億弗以上
プロジェクトニヨリ伸長デキル
之ヲ両者デ合意シ 国交正常化以前
ト云ヘドモ 直チニ協力スルヨウ建議
スルコトヲ 両首脳ニ建議スル

1962. 11. 24～11. 30 間ニ
両側ノ意見ヲ交換スル

2138
TOP SECRET
Top Secret
173

大平正芳・金鍾泌会談メモ（文書名：「金鍾泌特使日本訪問，1962. 10–11」より〈韓 726/172 ～ 173 頁〉)。

韓経済協力に注ぎ込むことが可能な金額がより重要な指標となった。このように展開した請求権交渉は、個人請求権を含む対日請求権およびその根底にある植民地支配認識の問題をうやむやにする作業であった（註16）。

こうして、請求権交渉が大平・金合意でひとまず妥結したのと並行して、その他の諸懸案の「消去」作業も急展開で行なわれた。まず、一九五〇年代に日韓関係を動揺させた在日朝鮮人帰国運動は、当初の帰国希望者がほぼ帰国し、現地から伝え聞いた情報を元に帰国を取りやめた者もいて、一九六二年には一段落した。また、韓国で抑留されていた日本人漁夫も一九六三年までに全員送還された。

請求権交渉に続いて集中的に行なわれた漁業交渉も一九六四年三月までに、平和線撤廃を前提とした一二海里の専管水域、日韓両国が共同管理する共同規制水域の設置、日本からの対韓漁業協力供与などが決まった。

在日朝鮮人の法的地位問題は、日本政府が一九五二年の日本独立以前から日本に居住している朝鮮人（協定一世）の子（協定二世）まで永住を許可する方向で討議が進められた（筆者注＝「在日韓国人」法的地位協定第一条一に規定されている者が「協定一世」である。つまり、（a）一九四五年八月一五日以前から〔永住許可の〕申請の時まで引き続き日本国に居住している者、（b）（a）に該当する者の直系卑属として一九四五年八月一六日以後この協定の効力発生の日から五年以内に日本国で出生し、その後〔永住許可の〕申請の時まで引き続き日本国に居住している者である。そして、「協定一世」の直系卑属が「協定二世」である）。

それにもかかわらず、日韓会談は一九六四年に妥結できなかった。なぜなら、日韓会談の交渉担当者がうやむやにしようとした植民地支配認識の問題が韓国民衆によって再び掘り返されたからであった。軍事政権下の一九六三年末に行なわれた大統領選挙で有利に戦ったにもかかわらず、対立候補に辛勝し、民政移管後も引き続いた朴正熙政権は、大規模な「対日屈辱外交反対」闘争に直面した。軍事政権下で積もりに積もった韓国民衆の不満は、平和線撤廃、日本の対韓経済進出に対する抗議とともに、軍事政権下の不正、腐敗の追及へと収斂した。そして、この闘争は日韓会談批判から「朴政権下野」を目指す反政府運動に急速に転化した。その結果、一九六四年六月三日に韓国政府が戒厳令を発動してこの運動を鎮圧するという、いわゆる「六・三事態」に至った。

米韓当局はこれらを厳しく弾圧するとともに、「六・三事態」によって中断に至った日韓会談を妥結させるための対応を検討することになった。その結果、米韓は再び持ち上がった植民地支配認識問題への方策として、「謝罪特使」の韓国への派遣を提案した。その帰結が翌六五年二月の椎名悦三郎外相の訪韓であった。一方、日本は国交正常化に先行して二〇〇〇万ドルの対韓緊急援助を実現させることで、韓国の経済再建を進め、ひいては韓国民衆の対日感情緩和を目指した。

これらに加えて、一九六四年八月には米軍によるトンキン湾事件が発生し、米国のベトナム戦争介入の可能性が高まると、韓国が米軍を支援するために軍隊派遣を検討する。さらに、池田首相の病気退陣により、岸信介の弟の佐藤栄作が政権を取ると、日韓会談は再び加速する。

一九六四年一二月から第七次会談が始まると、最後の懸案として残された基本関係についての議論が集中的に行なわれた。その主な論点は一九一〇年の韓国併合以前に日韓間で締結された諸条約および協定をいつから「無効」(null and void) とするかという旧条約無効確認条項と、韓国政府が朝鮮における唯一合法政府であるとする唯一合法性条項であった。とりわけ、前者の旧条約無効確認条項は植民地支配認識そのものにかかわるものであった。この条項については「もはや無効」(already null and void) という、日韓双方が解釈可能な条文を作成することで、再び植民地支配認識問題の「消去」を図ったのである。

また、第七次会談に初めて提起された唯一合法性条項についても、韓国政府樹立経緯を述べた国連決議第一九五号（Ⅲ）を持ち出すことで、韓国政府の北部朝鮮への管轄権について曖昧に定めるかたちで決着が図られた。国連決議第一九五号（Ⅲ）とは、「臨時朝鮮委員会が監視し協議した地域で、朝鮮人民の大多数が居住している朝鮮の部分に対し、有効な統制と管轄権を有する一つの合法的な政府が設立されたこと、この政府は朝鮮のこの部分における選挙民の自由意思の有効な表現であり、且つ臨時委員会により監視された選挙に基礎を有すること及びこれが朝鮮におけるこの種の唯一の政府であることを宣言する」という文言である。日本側はこの決議をもって管轄権が朝鮮南半部に限定されると解釈し、韓国側は自らの合法性が裏づけられたと解釈した。こうして、一九六五年二月に椎名外相が訪韓し、二〇日にソウルで日韓基本条約仮調印が行なわれた。

その後、四月三日に請求権、漁業、法的地位の三協定の仮調印、そして六月二二日に日韓基本条約および諸協定の調印が行なわれた。しかし、調印後の日韓両国では激しい反対運動が起こった。韓国の反対運動は、韓国政府が平和線撤廃、請求権問題での譲歩に加えて、基本条約の旧条約無効確認条項でむしろ植民地支配を合法化したと主張した。一方、日本の反対運動は、日韓基本条約が米国を頂点とする東アジア軍事同盟であり、対韓経済侵略の呼び水であり、そして南北分断を固定化すると批判した。日本の反対運動は韓国で主張されたような、植民地支配に対する責任を訴える認識が全体的に欠落していた。むしろ、日本の国会では野党側が日本政府により強硬な対韓外交を求めることもあった。

日韓両政府は反対運動を弾圧するとともに、強硬な国会運営によって批准決議を可決し、一二月一八日に批准書の交換を行なったのである。

これらの条約および諸協定に特徴的なことは、第一に、日韓会談の議題が日本の植民地支配にかかわる問題であったにもかかわらず、それらの問題の背後にある過去を語らないということである。例えば、日韓請求権協定の前文では「日本国及び大韓民国は、両国及びその国民の財産並びに両国及びその国民の間の請求権に関する問題を解決することを希望し、両国間の経済協力を増進することを希望して、次のとおり協定した」とあるのみで、請求権問題の解決と経済協力との関係を明示していない（筆者注＝日比賠償協定第一条には五億五千万ドルを「賠償としてフィリピン共和国に供与する」とある）。

その一方で、同協定第二条第一項には、財産請求権の問題が「完全かつ最終的に解決された」と規定された。また、日韓文化財協定の前文においても、「両国の文化における歴史的な関係にかんがみ」とあるだけで、この問題の背景にある植民地期以前の朝鮮から日本への文化財搬出の経緯について一切言及されていない。

第二に、日韓会談における諸懸案の多くが経済協力というかたちで解決しているということである。先述の通り、請求権問題では無償三億ドル、有償二億ドル、民間経済協力三億ドル以上の経済協力の実施が決まった。漁業問題では一九六五年三月三一日の日韓農相共同宣言で、請求権問題に関連した民間経済協力三億ドルのうちの九〇〇〇万ドルを漁業関係に充当することが確認された。さらに、文化財および船舶問題（筆者注＝船籍の所有をめぐる船舶問題は当初請求権、漁業などのように一つの委員会を構成して議論されたが、第四次会談より請求権問題の一部として扱われた）でも、請求権問題に準じて経済協力が実施されることになった。

第三に、これらの諸協定は南北分断を固定化または追認するものでもあったということである。日韓会談の諸議題がいずれも日本と南北朝鮮との間の懸案であったため、日韓間のみで協定が締結されたことで、懸案の状況はさらにひずみが加わる結果となった。とりわけ、「在日韓国人」法的地位協定は永住許可申請した者のみに「韓国国籍」、日本での永住、国民健康保険への加入などが認められた。そのため、在日朝鮮人社会に分断線が持ち込まれることになった。

なお、朝鮮民主主義人民共和国政府は日韓会談に一貫して反対した。大平・金鍾泌会談後の一九六二年一二月一三日には、同政府が「日本帝国主義侵略者が朝鮮人民に及ぼしたすべての被害にたいして日本当局に賠償を要求する当然の権利」をもつという声明を発表した。また、日韓基本条約締結の翌日（一九六五年六月二三日）には、「今度の『韓日会談』で朴正熙徒党と日本政府間に締結された『条約』と『協定』が無効であることを厳粛に宣言する」という声明を発表し、これに抗議を示した。また、中華人民共和国政府も一九六五年六月二六日に日韓基本条約を認めないとする声明を発表した。

おわりに

日韓国交正常化は、対日講和条約発効によって日本が独立した時点で達成できなかった東アジア自由主義陣営の結束を実現させたといえる。日韓国交正常化が韓国の経済発展の契機になったことを想起すれば、韓国の経済開発は冷戦の文脈で理解されるべきである。先述の通り、日本と東南アジア諸国との賠償交渉で示された、賠償問題の経済協力による妥結という構図は、日韓会談でも繰り返されたのである。

日韓会談妥結を妨げた最大の要因は植民地支配認識をめぐる絶望的な違いであった。日韓会談の交渉担当者はその阻害要因を冷戦の文脈に埋め込むことによって「消去」しようとした。すなわち、日韓双方が植民地支配をめぐる認識をすりあわせることなく、お互いの解釈が可能な条文を作成したり、歴史認識そのものを明文化したりしないことによって、問題そのものを「消去」したのであった。さらに、日韓両国内外から発せられた、植民地支配の責任を問うさまざまな声を、交渉担当者は力でねじ伏せた。このようにして実現した日韓国交正常化は、日本と南北朝鮮をめぐる諸問題を根本的に解決するものではなく、むしろ懸案を複雑化させつつ、後代にその解決を委ねる結果を導くことになったのである。

コラム① 近年公開された日韓会談関連文書公開について

日韓会談関連外交文書は二〇〇〇年代に入り、ようやく公開状況が改善された。そのきっかけは韓国の戦争被害者らによる運動から始まった。二〇〇二年一〇月に強制動員被害者一〇〇人が外交通商部に対して同文書の公開を要求し、二〇〇四年二月にソウル行政法院から原告一部勝訴判決を勝ち取ったことで、二〇〇五年一月および八月に外交通商部は約三万六〇〇〇枚の日韓会談関連外交文書を公開したのである。〈註17〉この原告らは植民地期に日本軍「慰安婦」、女子勤労挺身隊、軍人、軍属、労務者等として強制動員され、もしくは三菱重工業、日本製鉄などの日本企業で強制労働させられ、または浮島丸爆沈〈註18〉、原子爆弾によって生命、身体、財産上の被害にあった人々およびその遺族である。

これを受けて、日本でも強制動員被害者と日本の市民からなる「日韓会談文書・全面公開を求める会」が外務省に情報開示請求を行ない、二〇〇七年一二月に東京地裁から情報公開の趣旨に

今こそ、情報公開法を使って関連文書の全面公開を実現させよう！

日韓会談文書・全面公開を求める会 ニュース

第33号（2012年10月24日）

《第３次訴訟勝訴判決特集号》

およそ７割の文書の開示を命じる画期的な勝利判決勝ち取る！

◇目次◇

判決概要と意義	2～4
原告の発言	4～5
申し入れ行動報告	5～7
外務大臣への申し入れ書	8
判決骨子	9～17
報道記事	18～23
総会・シンポ案内	24

「勝訴」の垂れ幕を掲げて笑顔の原告（左から２番目が李容洙さん、４番目が崔鳳泰弁護士）と支援者（２０１２年１０月１１日、東京地裁正門前）

文書の原則開示を外務省に命じる東京地裁判決を伝える『日韓会談文書・全面公開を求める会ニュース』第33号（2012年10月24日）

照らして速やかに開示決定等がなされるべきであるとする判決を勝ち取った。〈註19〉この判決により、二〇〇八年五月までに外務省が保管する約六万枚の文書が開示決定された。さらに、二〇一一年一〇月一一日には作成から三〇年以上経過した文書の原則開示を外務省に命じる東京地裁判決が下されたことで、さらに多くの情報が開示された。

日韓合わせて約一〇万枚の新史料は条約・協定案、会議録、新聞・雑誌記事から会議用資料、省内および省間会議の記録、メモまでさまざまである。このうち、韓国政府公開文書は会議録および会議用資料などが中心であり、省内および省間会議の記録などのいわゆる内部文書が占める比重は比較的低い。しかし、史料そのものはすべて開示されているので、利用しやすい。日本政府公開文書は韓国政府のそれに比べると内部文書が多いのが特徴である。しかし、現在の日韓、日朝関係に関わる問題として、竹島／独島領有権、文化財、財産請求権に関連するところを中心に不開示部分が多いため、利用しづらい側面がある。このような問題があるものの、これらの新史料を活用した研究は今後も進展が期待される。

コラム②「賠償」と「補償」の違い

一般に「賠償」(Reparation) も「補償」(Compensation) も損失補填を意味するが、賠償が違法行為による損失に対する損害の埋め合わせを意味するのに対し、補償は適法な行為による損失の場合に使用される。また、国際関係の文脈では、第一次世界大戦後に締結されたベルサイユ条約の規定によって、敗戦国が戦争で発生した戦勝国の被害や損失に対して支払う「賠償」や戦争行為によって民間人が受けた被害を回復するための「補償」という概念が発生した。

日本の戦争賠償が後述する対日講和条約第一四条に規定されていたのに対し、植民地支配の問題は賠償に値する事例として、この条約に明記されていない。ただし、韓国政府も朝鮮民主主義人民共和国政府も日本の植民地支配の不法性を問うているので、その文脈で「賠償」という言葉を使うこともあり得よう。

なお、後述する対日講和条約第四条における「請求権」(Claim) は「賠償」や「補償」のような定義がなされていない。いわば、「被害や損失に対して請求する正当な権利」と定義するしかない用語である。これは対日講和条約が日本と連合国との戦争状態の終結のための条約であり、植民地支配に対する責任を問う精神が欠落していたことに起因する。

コラム③　旧宗主国と旧植民地との国交樹立と賠償問題

旧宗主国と旧植民地との国交樹立はさまざまなケースがある。まず、イタリアに侵略されて植民地となったエチオピアは第二次世界大戦でイギリス軍がイタリア軍を破った後、イギリス軍政を経て独立を回復すると、一九四七年二月にイタリアとの講和条約を締結した。この結果、イタリアはエチオピアの主権と独立を尊重するとともに、エチオピアに二五〇〇万ドルの賠償を支払った。

だが、第二次世界大戦で日本と戦った連合国とその植民地の事例をみると、旧植民地側が何らかの負担を強いられることが多い。解放を求める黒人奴隷の一斉蜂起をきっかけとして一八〇四年にフランスからの独立を勝ち取ったハイチに対して、フランスは一八二五年にフランス人奴隷所有者に賠償金として一億五〇〇〇フランを支払うことを約束させた。この金額は当時のハイチの一〇年分の歳入額であった。結局この賠償金の全額は払われず、減額された後に一八八三年にようやく支払いを完了した。また、イギリスの最大の植民地であったインドは一九四七年八月にパキスタンと分離して独立することになった。エチオピアの独立を助けたイギリスであったが、第二次世界大戦で疲弊しながらも、自国の植民地支配の継続に固執し、その継続が不可能と判断したときにその独立を認めた。

植民地支配に固執するという点でいえば、イギリス以外の欧米列強も同様であった。インドネシアは宗主国のオランダ軍との独立戦争を通して、一九四九年一二月に独立を勝ち取った。ベトナムは宗主国のフランスと戦い、一九五四年七月のジュネーブ協定により北緯一七度線で南北分断されて独立した。

しかしながら、二〇〇一年八月から九月にかけて南アフリカ共和国のダーバンで行なわれた「人種主義・人種差別・外国人排斥・関連する不寛容に反対する世界会議」（いわゆるダーバン会議）は約一五〇カ国から政府、NGO関係者ら八〇〇〇人が集まるなか、奴隷制度や奴隷貿易、植民地主義などが人道に反する罪であるとする「ダーバン宣言」および行動計画が採択された。これを契機として、植民地支配の責任を問う動きが世界各地で現れている。

ドイツの植民地であったナミビアでは、一九〇四年および一九〇八年の現地住民のヘレロ民族・ナマ民族へのドイツ軍および企業による虐殺などの残虐行為に対する謝罪と補償を求める運動が広がっている。また、前述のハイチでは、二〇〇二年から二〇〇四年にかけてアリスティド大統領がフランス人奴隷所有者に対する賠償金の返還と補償をフランスに求めた。これらに対し、ドイツ政府はナミビアへの開発援助を理由に謝罪および補償要求を拒んでいる。フランス政府もまた、二〇〇四年一月にまとめた報告書で奴隷制度および奴隷貿易を「人道に対する罪」と認めながらも金銭的な「補償」の対象と認めていない。

だが、旧宗主国が植民地支配の罪を認める事例もある。二〇一三年六月六日、イギリスのヘイグ外相は一九五二年から一九六〇年までに行なわれたケニアの反植民地独立運動「マウマウ団の乱」で約三万人が死亡した弾圧について、議会に遺憾の意を示した上で、弾圧の被害者五二八八人に総額一九九〇万ポンド（約三〇億円）の補償金を支払うことを明らかにした。イギリス政府はこの件について公式な謝罪を行なわず、他の植民地との関係で前例とならないと表明している。しかし、植民地支配下の人権侵害や、植民地支配の責任そのものを問う世界的な動きは、今後も継続するだろう。

コラム④　日韓関係に対する米国の仲介

第二次世界大戦後の東アジア国際関係は米国の存在を抜きにして語ることができない。とくに日韓関係については、現在も米国なくして成立しないと言ってよいだろう。

第二次世界大戦中に始まった米ソ冷戦を有利に戦うために、米国は日韓国交正常化を他のどの国よりも願って行動した。そもそも日本が敗戦した後に占領したのは、日本であれ、南朝鮮であれ、米軍であった。東アジアでは、中国では内戦が中華人民共和国の勝利におわり、ベトナムではフランス軍と独立戦争をつづけていたベトナム民主共和国が共産圏に接近し、朝鮮では朝鮮戦争が勃発した。米国は日本を非軍事化、民主化させるよりも、反共の砦として独立させることを急いだ。そして、米国は日本、韓国、台湾の中華民国を連携させることを目指した。

しかしながら、日韓会談は議論が対立し、なかなか進展しなかった。米国は請求権問題や竹島／独島領有権問題などに巻き込まれることを注意深く避けながら、日韓間の調整役に務めた。とくに、「久保田発言」で日韓会談が中断すると、米国は即座に会談再開のために日韓双方に働きかけた。一九六〇年代に日韓会談が進展する上で、米国の国務省、とりわけ駐日、駐韓大使が日韓間の立場を調整する上で大きな役割を果たした。

一方、日本や韓国も日韓会談を有利に進めるために、米国を利用した。すなわち、日韓両国は米国との協議を通して自らの立場を示し、米国を巻き込みながら相手側と交渉することが繰り返された。

冷戦が終わった現在も日本と韓国にある米軍基地が象徴するように、日韓両国は米国との関係をもっとも重視しており、米国への配慮を最優先にしながら日韓関係を調整している。このような意味で、日韓関係は日米関係および韓米関係の従属変数であると言えよう。

【註】

〈1〉太田修「大韓民国樹立と日本——日韓通商交渉の分析を中心に」（『朝鮮学報』第一七三号、一九九九年一〇月）。

〈2〉李鍾元「戦後米国の極東政策と韓国の脱植民地化」（『近代日本の植民地8　アジアの冷戦と脱植民地化』岩波書店、一九九三年）。

〈3〉在外財産調査会編『日本人の海外活動に関する歴史的調査』総目録、一九五〇年、二三頁。

〈4〉「第一次韓日会談請求権分科委員会会議録、第一—八次、一九五二・二・二〇—四・二一」韓国政府公開文書、登録番号八六（以下、韓／八六と表記する）、一六頁。

〈5〉「日韓会談第五回請求権委員会議事要録」日本政府公開文書、文書番号一二八一（以下、日／一二八一と表記する）、六頁。

〈6〉「日韓会談問題の検討」（アジア局二課、一九五二年八月一九日付）、日／一〇四一。

〈7〉例えば、日／六九三、三五～四三頁。この覚書の全文は「第五次韓日会談予備会談、一般請求権小委員会会議録、一—一三次、一九六〇—六一」、韓／七一八、一〇六～一一六頁で確認できる。

〈8〉久保田貫一郎（一九〇二—一九七七）和歌山県出身。一九二四年に東京商科大学を中退し、外務省在外研修員に就任、フランスに赴任する。その後、一九三九年にハルビン総領事、一九四四年にサイゴン総領事などを務める。第二次世界大戦に日本が敗戦した後、総理庁北海道連絡事務局長などを経て、一九五三年に外務省参与、そして第二次および第三次日韓会談の首席代表を務める。「久保田発言」以後、一九五八年在ベトナム特命全権大使、一九六二年日本国際問題研究所理事長などを務めた。

〈9〉「第三次韓日会談（一九五三・一〇・六—一〇・二一）請求権委員会会議録、第一—二次、一九五三・一〇・九—一五」韓／九七、二四～三五頁。

〈10〉「第三次韓日会談（一九五三・一〇・六―二一）本会議会議録及び一―三次韓日会談決裂経緯、一九五三・一〇―一二」韓／九五、六三頁。

〈11〉「十二月三十日閣議における藤山大臣発言要旨」、日／一五二八、四七頁。

〈12〉賠償問題研究会編『日本の賠償――その現状と問題点』外交時報社、一九五九年、二〇頁。

〈13〉「韓国の対日請求権に関する韓国側の見解及び韓国側関係者会議要録、一九六一・一・一三」『第五次韓日会談予備会談、一般請求権小委員会会議録、一―一三次、一九六〇―六一』韓／七一八、三三～九七頁。

〈14〉「対韓経済技術協力に関する予算措置について」『日韓国交正常化交渉の記録　総説七』日／五〇五―一、五九～六〇頁。

〈15〉一九六六年度の韓国国家予算は一二一九億七二六八万九五〇〇ウォン、一九六五年五月当時のレートは一ドル＝二六六・四一ウォン。日本の外貨準備高は政府および日本銀行が保有する金および外国為替の公式保有高を示す。韓国銀行経済統計および総務省統計局資料を参照した。

〈16〉張博珍『植民地関係清算はなぜ実現できなかったのか』論衡、二〇〇九年、ソウル、五三三頁。

〈17〉金昌祿「韓国における韓日過去清算訴訟」（『立命館国際地域研究』第二六号、二〇〇八年二月）。

〈18〉一九四五年八月二四日、京都府舞鶴湾で海軍に徴用されていた浮島丸が爆発沈没した。浮島丸は青森県大湊港から朝鮮人徴用工を乗せて釜山まで回航する途中で、日本政府発表では三七三五名の朝鮮人が乗船、爆発沈没による死者数は五二四人とされている。しかし、乗船者名簿が公表されておらず、六〇〇〇～八〇〇〇名の朝鮮人が乗船していたとの証言もあり、乗船者数・死者数は不明なままである。

〈19〉「平成一八年（行ウ）第七〇三号　公文書不開示決定処分取消等請求事件　判決要旨」。

Ⅱ

韓国併合条約はいつから「無効」なのか

――基本関係

日韓基本条約は前文および全七条によって構成されている。このうち、とくに焦点となるのは、本文の第二条（旧条約無効確認条項）および第三条（韓国政府の唯一合法政府確認条項）である。本章ではこの二点を中心に議論を検証したい(註1)。

第二条は韓国併合、すなわち日本による朝鮮植民地化が完成した一九一〇年八月二二日以前に日韓間で締結された全ての条約および協定が「もはや無効」(already null and void) であることを確認する条項である。日本政府は「もはや」という言葉があることで、締結当時はこれらの条約および協定が国際法上「有効」であったと説明し、韓国政府は「無効」(null and void) という表現によって、当初から「無効」であったと説明している。

また、第三条は韓国政府が「朝鮮にある唯一の合法政府」であることを確認する条項である。ただし、条文にある国連総会決議第一九五号（III）（三八ページ参照）は朝鮮南部のみで国連監視下による選挙が行われて韓国政府が樹立された経緯をふまえて、韓国政府の合法性を認める内容である。日本政府は韓国政府の管轄権が南部のみであると説明するのに対し、韓国政府はこの国連決議が韓国政府の管轄権を制限するものではないとして、朝鮮全土に対する管轄権を主張している。

第I章では日韓会談の全体的な時期区分を行なったが、各交渉テーマに焦点を合わせると、これとは幾分異なる区分が必要となる。そこで、本章では基本関係交渉を以下の三期に区分する。

日韓双方からの条約案に基づいた具体的な議論が行われた第一期（一九五二年二月〜四月）、基本関係交渉が進捗しなかった第二期（一九五二年四月〜一九六四年一二月）、再び日韓双方から条約案が提示され、その議論の末に日韓基本条約が完成する第三期（一九六四年一二月〜一九六五年二月）に分けて、各時期の交渉内容を検証してみよう。

1　旧条約無効確認条項をめぐる激論
――第一期における基本関係交渉（一九五二年二月～四月）

日韓両国の事前準備

韓国政府は一九五一年九月に開かれたサンフランシスコ講和会議に署名国として参加するために準備していた。一九五〇年一〇月に作成した「対日講和条約に関する基本態度とその法的根拠」で韓国の駐日代表部は「韓日合邦条約無効論」を展開した（筆者注＝駐日代表部は一九四九年一月二〇日、東京に設置される。国交正常化以前の韓国の対日外交における大使館の役割を果たす。とくに占領期の日本においては、駐日代表部が占領当局や日本政府との交渉に当たることが多かった）。すなわち、第二次日韓協約締結時の条約締結当事者である大韓帝国政府高官に対する脅迫、そして同条約締結により外交権を奪い、第三次日韓協約で韓国軍を解散させ、韓国を軍事占領した状態で韓国併合条約を締結した日本の対韓政策の強制性を論じ、一九一〇年に締結された韓国併合条約が締結

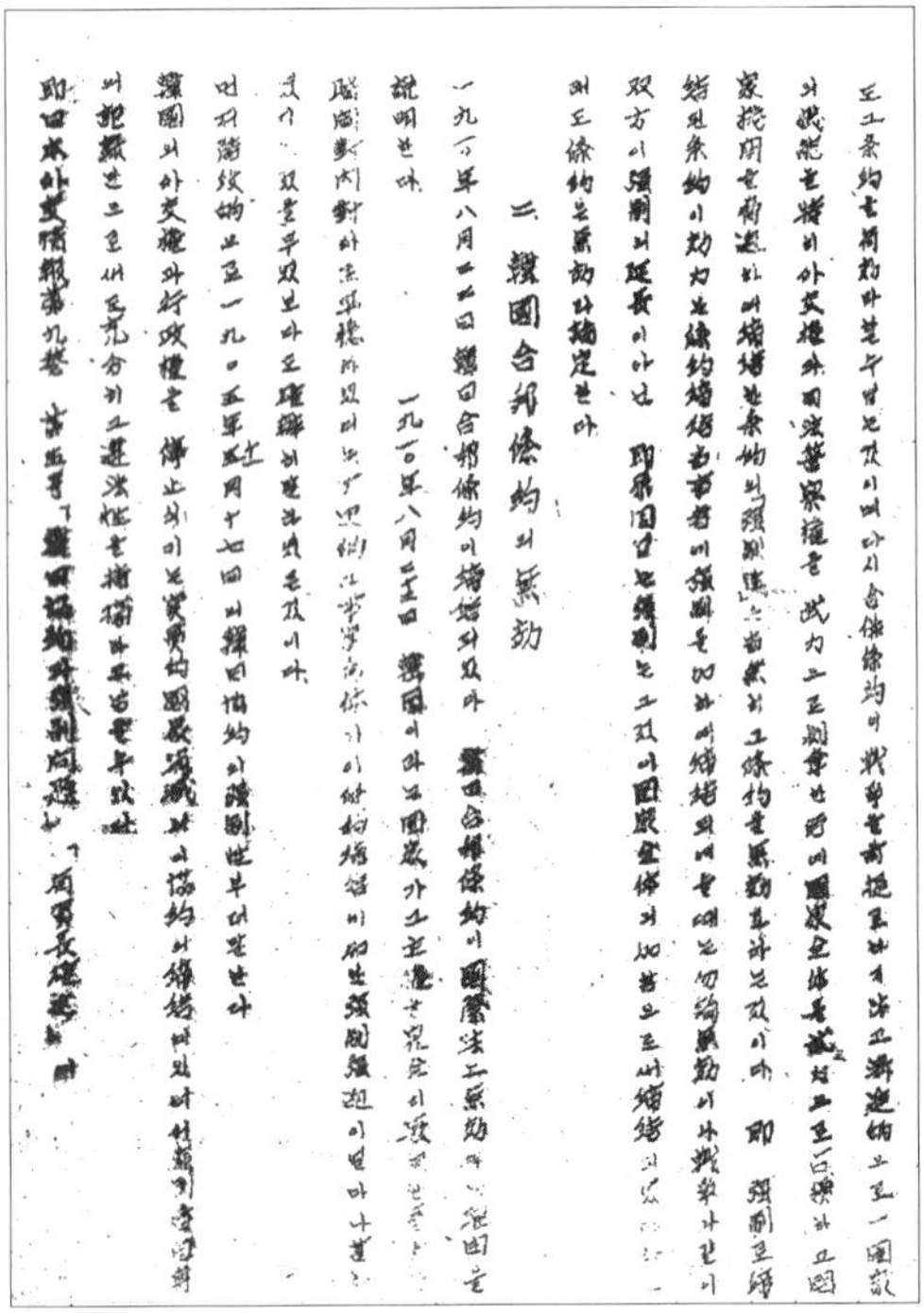
二、韓國合邦條約의 無効

「資料集：対日講和条約に関する基本態度とその法的根拠」（韓 76/17 頁）韓国併合条約の無効を論じている。

当初から無効であると主張した。（註2）

一方、日本政府は、在日朝鮮人が日本独立後に韓国国籍を保持する者として日韓基本条約を締結して、対日講和条約発効時に外交関係を設定するという方針を立てていた。（註3）ここで注目したいことは、日本政府が対日講和条約をもって朝鮮の独立を承認したとする見解である。日本政府は、植民地期に日本国籍保持者であった在日朝鮮人を韓国国籍保持者と見なすために、大韓民国の独立を承認する必要があると考えたのである（在日朝鮮人の法的地位の問題については第Ⅳ章で詳しく検討する）。

以上のような日韓双方の事前準備を経て、サンフランシスコ講和会議後の一九五一年一〇月より始まった日韓会談の予備交渉では、オブザーバーの連合国軍最高司令官総司令部（ＧＨＱ／ＳＣＡＰ＝General Headquarters, the Supreme Commander for the Allied Powers）から提示された「在日朝鮮人の法的地位」および「日韓間の一切の懸案に関する二国間交渉のための議題の作成と交渉方法の研究」が主な議題であった。日本側は在日朝鮮人の法的地位問題を解決した上で、外交および通商航海関係樹立を目指していた。逆に言えば、外交関係を樹立する上で解決すべき懸案は在日朝鮮人の法的地位問題のみであった。一方、韓国側は対日講和条約発効前に、全ての懸案を解決した上で日本との外交関係樹立を目指していた。(註4)

日韓双方から提示された条約案

第一次会談では、まず一九五二年二月一六日の本会議で日本側が「日本国と大韓民国との間の友好条約草案」を提出した。その後、同案は基本関係委員会で討議された。この案は、その前文冒頭に「日本国は、千九百五十一年九月八日にサン・フランシスコ市で署名された日本国との平和条約の規定に従つて、朝鮮の独立を承認して、済州島、巨文島及び鬱陵島を含む朝鮮に対するすべての権利、権限及び請求権を放棄した」と対日講和条約第二条aをほぼ引用して、日本の朝鮮独立承認を明示し、その第三段には「両国は、両国間の新関係発生に由来する各種の懸案を和協の精神により且つ正義と衡平の原則に従つて迅速に解決すること」をうたった。本文の内容もまた、対日講和条約の条文などを引用し、日韓間の諸懸案の解決に対する原則を日本側から提示したものであった。

これに対して、三月五日の基本関係委員会で韓国側が提示した「大韓民国と日本国間の基本条約（案）」は日本側第一次条約案の文言を取り入れつつも、韓国側独自の条文として、「大韓民国は、日本国を独立の主権国家として承認する」とする第一条と、「大韓民国及び日本国は、千九百十年八月二十二日以前に旧大韓帝国と大日本帝国との間に締結されたすべての条約又は協定が無効であること（are null and void）を確認する」とする第三条が注目される。〈註5〉外務省はこの韓国側条約案を省内で検討した上で、第一条および第三条の削除を要求することを決定した。〈註6〉

この案に対する外務省内の意見として、外務省条約局第四課長の大郷正夫が作成した「基本関係委員会韓国側提案（第一条及び第三条）に対する意見」がとくに注目される。大郷は第一条について、日本の主権回復が対日講和条約によるものであるため、「韓国による日本の主権承認は国際法上特別の意味を持たない」、「逆に、日本による韓国の承認こそ新国家の承認という国際法上の効果を生ずべきものである」と述べた。その上で、日本側がみずからの第一次案から朝鮮の独立承認部分を自発的に削除したことを挙げ、「韓国による日本の主権の承認のみを規定するのは、均衡を失すること甚だしい」と主張した。〈註7〉

また、第三条については韓国併合以前の諸条約が「最初から不成立」なのか、「いったん成立し、その後失効」したのかと問題提起をした。そして、大郷は前者については当時の大韓帝国の皇帝や大臣ら個人に対する条約締結強制などを認めず、「真の合意すなわち真の意思の一致が存すること」、「国家の併合は、国際法上認められている」として韓国併合不成立論に反論した。後者については「併合の事実が完成したと同時に、条約が失効した」とし、日本の朝鮮支配の合法性を主張した。〈註8〉三月一二日の基本関係委員会で第三条の旧条約無効確認条項が中心的に議論された。韓国側代表の兪鎮午《ユジノ》高麗大学総長は第三条について、次のように述べた。「当方は一九一〇年以前の条約は国民的に、当時に遡って無効であるという強い信念・国民感情があるが、それをこの席上で私が強く主張すればこの会談が纏まらなくなる。日本側の立場もあらうし、また当時に遡つて無効とすれば種々複雑な問題が生ずる。その点を避ければこの規定によって韓国の国民感情を収め得るし、日本側にとっても別に失うものは何もないので刺激することにはならない筈だ」。その上で、兪鎮午は「これを入れて過去の誤りを認めることが、両民族の将来のためによいと思う」〈註9〉と主張した。

これに対し、日本側の大野勝巳外務省参事官は併合条約が「有効適法の条約で

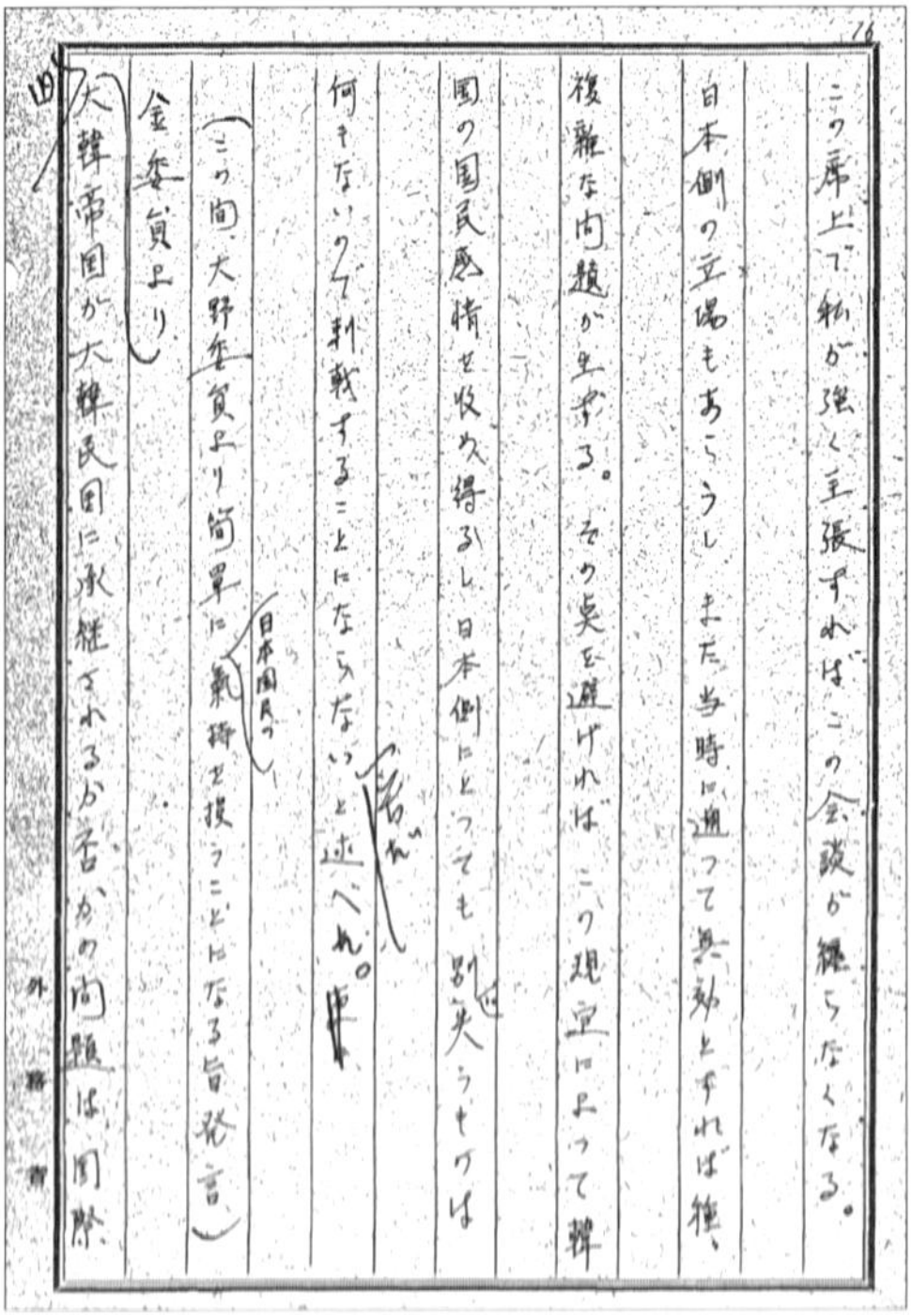
16
この席上で私が強く主張すればこの会談が纏らなくなる。
日本側の立場もあらうし　また当時に遡って無効とすれば種、
複雑な問題が生ずる。その点を避ければこの規定によって韓
国の国民感情を収め得るし　日本側にとっても別に失うものは
何もないので刺戟することにはならないと述べた。
（この間、大野参事官より簡単に日本国民の気持を損うことになる旨発言）
金委員より
大韓帝国が大韓民国に承継されるか否かの問題は国際
外務省

兪鎮午代表の発言部分（日 977/21 頁）註９の発言である。

あったのは疑問の余地がない」し、旧条約無効確認条項が日本の国民感情も刺激するとした上で、「この友好条約がきれいな形で結ばれることが、結果において過去のモヤモヤしたものをなくする所以《ゆえん》であって、韓国側の強い希望ではあるが、この条約からは除きたい」と主張した。〈註11〉だが、韓国側は第三条の削除に同意しなかった。

ところで、日本政府公開文書にはこの会合の前に行われた大野と兪鎮午の非公式会談の記録がある。〈註12〉それによると、大野が韓国側条約案第一条および第三条について「自発的にドロップすることを考えては如何」と問うたのに対し、兪鎮午は第一条を留保する旨言明したという。しかし、第三条については主張を固持し、「兎に角無効」すなわち「漠然と無効に帰したことと規定したい」と述べたという。

これらの兪鎮午の発言は、韓国案の旧条約無効確認条項が日本側の立場に配慮して時期を特定しない漠然とした提案であったことを裏付けている。しかし、日本側は韓国側の提案に対して原則的に削除すべきであるとした。大郷や大野が述べるように、日本側は韓国併合条約以前の諸条約が「有効適法」であったと考えており、韓国側の韓国併合条約不成立論および大韓帝国政府から大韓民国政府への法統（筆者注＝法統とは、韓国では正統性の類をそのまま受け継ぐことを指す。とくに現行韓国憲法の前文に、「三・一運動により建立された大韓民国臨時政府の法統および、不義に抗拒した四・一九民主理念を継承」するとあるように、韓国併合後、一九一九年の三・一独立運動によって樹立した大韓民国臨時政府の正統性を、大韓民国政府が引き継ぐという意味がある）を認めようとしなかった。すなわち、日本側にとって問題とされたのは「無効」の時期ではなく、「無効」（null and void）という言葉そのものであった。

その後の論議

三月二二日の基本関係委員会で日本側が韓国案の要素を加味した第二次条約案を提出した。この案では前文第三段に「日本国と旧大韓帝国との間に締結されたすべての条約及び協定が日本国と大韓民国との関係を規制するものではないことを確認する」という一文が挿入された。また、本文も請求権や漁業などの条項を落とし、全五条の簡潔な形式に改められた。〈註13〉

日韓双方は旧条約無効確認の一文をめぐって激しく議論した。韓国側は一九一〇年以前の条約が無効であることを確認した方が簡単かつ明瞭であると主張した。しかし、日本側の法務府民事局主管の平賀健太が「日本の法律用語として、無効という字句は最初から無効であるという意味が入るからここでは不適当である」と述べたように、日本側は旧条約が不成立だったという意味を表す字句を徹底的に拒んだ。〈註14〉

四月二日に第一次会談で最後の基本関係委員会が開かれた。この議事録の詳細は日本政府開示文書にのみ記されている。〈註15〉日本側議事録によると、条約名称を「基本条約」とすること、さらに旧条約無効確認条項についても「日本国と大韓民国との関係において効力を有しない」とすることで合意が成立したと記している。だが、同じ議事録の詳細な討論を見ると、兪鎮午は最後まで「無効」という言葉を使いたい旨を述べており、必ずしも「効力を有しない」という表現で合意が成立したと見なすことはできない。また、兪鎮午は「無効」という言葉を使わない代わりに、「基本条約」という名称を取り下げる旨発言しているが、その発言がどのように扱われたかは不明確である。

韓国政府公開文書にある「一応の合意案」として示された条約案「日本国と大韓民国との間の基本的関係を設定する条約（案）」には、このような兪鎮午の発言が無視されており、日本側の議事録に沿う形で、条約の名称に「基本的関係」、前文第三段の旧条約無効確認については「効力を有しない」という字句が採用されている。だが、議事録を読む限り、争点についての議論が何ら結論を見ないままで終わっている。

つまり、この「一応の合意案」というものは、日本政府が議論の余地を残したまま、基本条約成立に向けた作成した日本側の最終案にすぎないといえる。〈註16〉第一期の基本関係交渉では、独立承認条項については日韓双方が取り下げることで一応の解決を見たものの、とくに旧条約無効確認条項での合意形成には失敗したのである。

2　立場調整の時期
——第二期における基本関係交渉（一九五二年四月〜一九六四年一二月）

第二次および第三次会談における基本関係交渉

日本政府は第一次会談決裂後、基本関係条約に諸懸案の解決についての原則を盛り込むという方針を事実上放棄した。そして、旧条約無効確認条項については、一九五二年七月二日に行われた日韓会談再開に関する（各省）連絡会議で倭島英二アジア局長が[註17]「過去の問題を不問とすることは修好条約の建前」[註18]と発言したように、討議の対象としないこととした。

また、第一次会談では表面化しなかったが、韓国政府の管轄権をめぐる問題についても、日本政府は検討していた。李承晩大統領来日に際して対応を協議した一九五三年一月三日付の「日韓会談再開の基本条件について」という文書では、「韓国政府の性格」については、「一九四八年十二月十二日の国連総会決議（引用者注——一九五号〈III〉）の線に従うこととする」としている。

ただし、協定案において「あからさまに限定的な意図を表現することは、日韓会談全体を破壊するおそれもあるので、これを回避し、国会説明のため必要やむを得ざる場合は、単に前記国連総会決議を引用するに止める」という方針であった〈註19〉。

一九五三年四月一五日から第二次会談が始まるが、その直前の八日付の「日韓会談交渉方針」によると、基本関係は外交、領事関係の設定のみを取り上げ、ビルマ、インドネシア、フィリピンなどとすでに取り交わしている交換公文（九ページ〈註1〉参照）の形式により「従来問題となっていた日韓併合条約などの無効の論議を避けうることとなる」とした〈註20〉。このように第一次会談決裂後の日本政府の方針は、外交関係の設定を最優先とし、旧条約無効確認を回避する一方で、韓国政府の管轄権問題については依然として慎重であった。

第二次会談では基本関係交渉が二回行われたが、旧条約無効確認条項などの論点についてお互いの立場を確認するための簡単な意見交換が行われたのみで、他の懸案を扱う部会が結論に達するまで休会とすることで合意した〈註21〉。また、第三次会談でも基本関係交渉は部会が一度開かれたのみであった。

このうち、第三次会談第二回本会議で朝鮮北部の在朝日本人財産をめぐって、次のような議論が行われたことが注目される。日本側の記録によれば、金溶植《キムヨンシク》駐日公使は「在北鮮財産についてては、国連決議に示されている通り、韓国は朝鮮における唯一の合法政府であり、北鮮は韓国の部である。米軍政府の日本財産接収命令は指導原理を示したもので、米軍政府の管轄が三八度線以南にあったにもかかわらず、在北鮮財産も南鮮財産と同様に処理される」と発言したという。これに対し、久保田貫一郎外務省参与は「朝鮮においては韓国が国連決議により認められた唯一の国であるという意味での合法性を疑うものではないが、現に支配の及ぶ範囲に関しては国連決議には限定的表現のあることを指摘し、かついずれにせよ北鮮は米軍政府の権限外であった」と述べたという〈註22〉。この議論は財産請求権問題、とりわけ朝鮮北部の在朝日本人財産の扱いに関連して、日韓間で韓国政府の管轄権について議論された初めての事例であるといえる。

中断期から第四次会談までの日本側の基本関係方針

一九五七年一二月の日韓共同宣言によって、日本側が「久保田発言」（一七ページ参照）および在朝日本人財産に対する請求権主張を撤回することなどを基礎として、日韓会談が再開されることになったことは、第I章で述べた。この日韓共同宣言には合意議事録（筆者注＝条約、協定の他に、特定の議題についての両者の合意を議事録という形式で確認する方法がある。日韓請求権協定にも合意議事録がある）が付属しており、その議事録の中には非公表のものもあった。そのうちの一つが再開される日韓会談の議題であり、「千九百十年及びその前に締結された条約及び協定が効力を有しない事実の確認に関する事項」が含まれていた〈註23〉。しかし、翌五八年四月一五日から始まった第四次会談では基本関係委員会が一度も開かれなかった。

以前の会談と比較して、第四次会談に臨む日本政府の方針を検討すると、外交関係の樹立を優先し、条約形式を簡素なものとするという基本姿勢を継承しつつも、いくつかの変化が見られた。まず、一九五七年の日韓共同宣言の趣旨を反映し、基本条約に旧条約無効確認条項が盛り込まれることになった。一九五八年四月二二日付で二案作成された「日韓基本条約及び議定書」のいずれにも、その前文に「日本国と旧大韓帝国との間に締結されたすべての条約及び協定が日本国と大韓民国との関係において効力を有しないことを確認する」という一文がある〈註24〉。

そして、韓国政府の管轄権問題については、第四次会談に臨む日本政府の藤山愛一郎外相の訓令が示すとおり、朝鮮の分断政府のうち、引き続き韓国政府のみを交渉の相手にするとした。その一方で、韓国との交渉において、朝鮮北部については「白紙」、つまり議論の対象としないという方針をこの時点で明確にしたのであった〈註25〉。

もう一つ、基本関係交渉の問題として注目されるのが竹島／独島領有権問題である。先述の藤山外相の訓令には「本件の早期解決を促進するため竹島問題は別途解決を図ることとする」とある〈註26〉。また、同年七月二日に外務省で作成された「日韓会談交渉方針」には「竹島問題は係争事案として今後の問題として残すこと」とある〈註27〉。このように竹島／独島領有権問題が将来の日韓会談の議題として日本政府の基本方針で明記されたのは第四次会談が初めてである。なお、この問題については第VI章で詳述するが、韓国領であることが明白として論議そのものを避ける韓国側に対し、日本側はとくに一九六〇年代以降に日韓会談の議題とすることを執拗に求めていた。

第五次会談における日本側の基本関係方針

一九六〇年代に入ると、朝鮮戦争後の経済復興で朝鮮民主主義人民共和国に後れを取った韓国に対する経済支援の必要性から、日韓会談妥結の機運が高まった。張勉政権と池田政権の間で行なわれた第五次会談では基本関係交渉は一度も行なわれなかったが、日本政府の内部において基本関係交渉に関する論点を再整理する作業が進められていた。(注28)

一九六〇年一二月一日付で外務省条約局法規課が作成した「日韓交渉における日本政府の立場に関する法律上の問題点」は基本関係交渉にかかわる論点に対する日本政府の立場をより明確にした文書である。まず、「韓国政府の地位」については一九四八年一二月一二日の国連決議一九五（III）の内容に従い、「朝鮮半島に成立している唯一の合法的政府であるが、その実効的支配と管轄は南鮮の部分にのみ及んでいる」という従来の立場を再確認し、朝鮮民主主義人民共和国政府との交渉の余地を残した（国連決議第一九五号（III）の内容については第I章二八ページを参照）。また、日本政府による韓国独立承認の時点をあくまで対日講和条約発効時に求めつつも、韓国政府の立場に配慮してか、独立承認の効果を一九四八年八月一五日（筆者注＝米軍政府が軍政を終止して韓国が独立を宣言した日）まで遡らせることができるとした〈註29〉。

さらに、旧条約無効確認条項については、大韓帝国から大韓民国への法的承継関係がなんら存在しないとの立場から、旧条約無効確認条項が法的に無意味であるばかりでなく、法的承継関係を主張する韓国側の条約不成立論を導きかねないという危険を含むとして、削除または合意議事録にまわすことを方針とした〈註30〉。これは、前文で旧条約無効確認条項を含む案を示していた第四次会談時の方針からの転換、というよりも本来の日本政府の立場への回帰であるといえる。

第六次会談における基本関係交渉

軍事クーデターによって成立した朴正熙政権と池田政権の間で行われた第六次会談は一九六二年末に日韓間の最大の懸案であった請求権問題についての原則的合意が実現すると、国交正常化の可能性が一段と高まった。このような状況を背景に、日本政府は基本関係交渉の準備を進めていた。

一九六三年八月一日に外務省北東アジア課が作成した「日韓会談の諸懸案につき北鮮問題が関

連してくる諸点の協定上の取扱振りについて」という文書は、基本関係の条約形式について「共同宣言」を選択すべきことを具体的に提示している。北東アジア課は、領土問題など日韓間には立場が異なり、双方を満足させる表現がきわめて困難なものがあることをその理由に挙げ、「このような問題を回避するため、国交正常化に関する共同宣言という方式により国交樹立、大使交換など最小限度必要な内容のみを合意する方式をとるのが適当」であるとした〈註31〉。

また、韓国政府の管轄権と関連して、財産請求権交渉の対象を南部に限定する一方で、日朝交渉については韓国政府を唯一の合法政府としているため、「韓国政府と並んで北鮮当局を相手として北鮮地域に関する請求権問題につき交渉を行うことは、現在のところ考えられない」とした〈註32〉。ただし、日本政府は韓国政府の管轄権問題を提示することに依然として慎重であった。

一九六四年四月一四日付で外務省条約局法規課が作成した「日韓基本関係問題の処理方針(案)」では、「共同宣言または交換公文」による外交関係の樹立という方針を再確認した。日本政府は今までに論議された基本関係交渉上の懸案をすべて不問に付したまま、「共同宣言」または「交換公文」という略式の協定により、国交正常化を図ろうとしていた〈註33〉。

外務省内でこの処理方針案が討議された記録によると、旧条約無効確認条項については、「いつから無効になったかということが出ないものなら差し支えないが、なければそれにこしたことはないので、最初の日本側案の提示のときは削除しておくことが決定された〈註34〉」という。この「いつから無効になったかということが出ないものなら差し支えない」という部分は日本側の譲歩線として注目される。ただし、最終的な基本条約が「もはや無効」という表現に決まったことを考慮すると、この譲歩線は韓国案をそのまま受け入れることを意味しないものといえよう。

また、韓国政府の管轄権については、「管轄権条項として一項を設けることはせず、韓国独立の承認の規定に、管轄権に関する文言（「現に支配する地域」とする）と国連決議の両方をかぶせる形とする」ことになった。〈註35〉

以上のような議論が一九六四年四月一八日付で外務省が作成した「日本国と大韓民国との共同宣言（案）」に反映されている。まず、第一項に「日本国は、一九五一年九月八日にサン・フランシスコ市で署名された日本国との平和条約第二条（a）の規定に基づいて朝鮮の独立を承認し、かつ、一九四八年一二月一二日の国際連合総会決議一九五（Ⅲ）の趣旨を尊重して大韓民国政府を承認したことが確認される」とある。第二項に協定による諸懸案の解決を確認し、第三項に「前項の関係諸協定の適用にあたっては、大韓民国政府の有効な支配及び管轄権が朝鮮半島の北の部分には及んでいないことが考慮に入れられる」とある。この第三項は先述の外務省内での議論と一見矛盾するが、おそらく韓国側とのバーゲニング（取り引き）を意識した文言の挿入であろう。さらに、第七項にはこの共同宣言および関係諸協定の解釈または適用から生ずる紛争で、交渉によって解決に至らない問題は国際司法裁判所に付託されねばならないというものである。

これは竹島／独島領有権を意識した条項である。〈註36〉

　第三次会談以来開かれなかった基本関係委員会は、一九六四年四月二三日および五月八日に、約一一年ぶりに開催された。日本側は共同宣言案を作成して臨んだが、韓国側が要綱案を提示できなかったために、この共同宣言案を提示することはなかった。韓国側が「韓国国民感情からみても、基本関係諸協定は、過去三六年間の日本の支配を清算し、新しい日韓関係の基礎となるべきものである」として条約形式を主張したのに対し、日本側は「請求権その他の日韓会談の県案《ママ》が解決したことを確認し、その上にたつて外交関係を設定するという方針」であるとして共同宣言方式を主張したのにとどまった。

　韓国側は日本の共同宣言形式の主張に対し、「過去三回にわたる日本側提案は全て条約の形式をとって」いたとして、「全く意外に思っている」と述べ、その失望感をあらわにした。〈註37〉このように、第三次会談以来一一年ぶりに再開された第六次会談における基本関係交渉は、「過去清算」を重視する韓国側と、日韓間の諸懸案を棚上げにした「外交関係の設定」を重視する日本側という交渉当初から継続する姿勢の差を確認しただけで終わった。

3　合意なき妥結を目指して
――第三期における基本関係交渉（一九六四年一二月〜一九六五年二月）

日韓双方の交渉方針

第七次会談における基本関係交渉は、一九六五年二月に予定された椎名悦三郎外相の訪韓までに計一三回開かれ、その早期妥結が急がれた。この背景には、第Ⅰ章で述べたように、請求権、漁業、在日朝鮮人の法的地位などの諸懸案について妥結の見通しが立ってきたことや、韓国政府がベトナム派兵を決定したことで、日米韓三国が韓国に対する反共支援体制の強化を急いだことなどが挙げられる。

一九六四年一二月一〇日の基本関係委員会で示された日本側の合意要綱案は同年四月一八日に作成した前出の「日本国と大韓民国との共同宣言（案）」とほぼ同様のものであった〈註38〉。韓国側からは第一項の対日講和条約、国連決議への言及、第三項の韓国の管轄権、第七項の紛争解決手段としての国際司法裁判所への付託について質問があった〈註39〉。

一方、韓国側の合意要綱案は一一月三〇日に外務部東北亜課が起案した「基本関係文書に対する我が方の基本立場」に基づいている。その「一般指針」第一項では「韓日間の芳しくなかった過去関係を清算」すること、第二項では「大韓民国政府だけが韓半島における唯一の合法政府であるという我が方の立場は如何なる場合でも維持するようにする」ことが定められた。韓国政府の唯一合法確認条項が韓国政府の方針として盛り込まれたのはこれが初めてである。

また、より具体的な「細部指針」でも「過去の不幸な両国間関係を清算することにより、両国間の新たな関係を改善するという趣旨」を規定することや、「旧韓末に日本と締結したすべての条約の無効を規定する。無効の時点を当初から（ab initio）とするように最大限の努力をする」ことなどが定められた〈註40〉。

韓国側の合意要綱案は形式を「条約」とすること、前文で「大韓民国政府が韓国における唯一の合法政府である事実の確認」、本文で「韓国と日本国間に一九一〇年八月二二日およびそれ以前に締結されたすべての条約又は協定が無効という事実の確認」などをその内容とした〈註41〉。日本側はこれらの内容について質問するとともに、基本関係委員会で竹島／独島領有権問題について何らかの「解決のメド」を付けたいと主張した〈註42〉。

これらの議論を踏まえて、一九六四年一二月一六日の第四回会合で日韓双方の要綱案の整理表が作成された。そのうち、「トピックとして内容に異議があるもの」として、「過去の清算と一九一〇年八月二二日以前の条約又は協定の無効確認」、「韓国政府が唯一の合法政府という事実の確認とサンフランシスコ平和条約第二条aの規定及び国連決議一九五（Ⅲ）の趣旨確認」（この争点の背景説明については八一ページ参照）、「韓国政府の管轄権問題」、「紛争処理条項」、「合意文書の形式及び名称」の五項目が挙げられ、これらの問題について基本関係委員会で引き続き討議することとなった。〈註43〉

日韓双方から提示された第一次条約案をめぐって

一九六五年一月二六日に開かれた基本関係委員会で日韓双方から第一次条約案が改めて示された。日本案の表題は最後に決めるためとして、空欄になっている。また、本文は、第一条に諸懸案の解決確認条項が置かれているほか、外交関係等の設定上必要最小限の項目をその内容としている。日本案で注目されるのは本文に付記された二つの注釈である。

「注一」は『「韓国の有効支配及び管轄権は現実に朝鮮半島の北の部分に及んでいないことが考慮に入れられる』との規定は、第一条に掲げる関係諸協定において、その適用範囲の問題が処理されることを前提として削除する」とするものである。

「注二」の「ＩＣＪへの付託」は「当該関係諸協定に同一の趣旨が掲げられるのであれば削除

してもよい」というものである。とくに前者について、日本側は管轄権規定を条文に盛らないという「譲歩」を示すことで、韓国側の唯一合法政府条項の主張を取り下げさせることを狙ったのである。〈註44〉

また、日本側は旧条約無効確認条項について、「大日本帝国と大韓帝国との間の条約がもはや効力を有しないという趣旨の規定を韓国側が是非入れたいのであれば、前文中でこれに言及することを検討する用意がある」と発言した。〈註45〉すなわち、日本側は締結当初において有効だったと解釈できる条文を望んでいた。

一方、英文で作成された韓国案は第二条に韓国政府の唯一合法確認条項、第三条に旧条約無効確認条項が示された。韓国政府の唯一合法確認条項が盛られた条約案が作成されたのはこれが初めてである。その文案は次の通りである。

Article II It is confirmed that the Government of the Republic of Korea is the only lawful government in Korea.

Article III It is confirmed that all treaties or agreements concluded between the Empire of Korea and the Empire of Japan on or before August 22, 1910 are null and void.〈註46〉

ここで示されているとおり、唯一合法確認条項では「the only lawful government in Korea」（朝鮮における唯一合法政府）、旧条約無効確認条項では「are null and void」（無効である）が使用されている。

韓国側は第二条（そして第三条にも共通する点）について、「It is confirmed that」（…ということが確認される）と表現を和らげたこと、第三条については「韓国側は旧条約が最初から無効であるという考えであるが、日本側の立場もあるので are null and void と表現を中性化した」と説明した。〈註47〉だが、とりわけ後者について、日本側は「null and void」という表現そのものを問題にしたため、表現が「中性化」されたとは理解しなかった。

以後の基本関係委員会で提示された条約案をめぐって

その後、一九六五年二月五日の基本関係委員会で日本側から第二次条約案が提示された。この条約案でとくに注目されるのは第五条に初めて旧条約無効確認条項が盛り込まれたことである。ただし、その内容は「大日本帝国と大韓帝国との間に一九一〇年八月二二日以前に締結されたすべての条約及び協定が日本国と大韓民国との間において効力を有しないことが確認される」というものであり、第一次会談時から日本側が主張してきた「効力を有しない」（have no effect）と

いう表現が維持されていた。〈註48〉

この点について、日本の条約案の元になった二月二日の外務省条約局案に「null and void を呑まされた時のためにとっておく」というメモが付されている。〈註49〉すなわち、この条約案は韓国側が主張する旧条約無効確認条項および「null and void」という表現を受け入れる代わりに、旧条約が締結当時において有効であったとする日本側の主張をこの条項に盛り込むための準備段階であったといえる。

また、第六条では国際司法裁判所への付託が残され、第七条の批准条項の注で「両国政府間の諸協定」に「竹島などに関する協定を含む」〈註50〉と明記された。

これに対して韓国側は前文に「歴史的背景」という表現を盛り込むことと、日本が朝鮮の独立を承認したとする対日講和条約第二条aへの言及を削除すること、韓国政府が朝鮮における唯一の合法政府であることを明記することなどを要求した。

また、旧条約無効確認条項における「null and void」について、韓国側は「abinitio（引用者注―当初より）という語が入っていないので、当初から無効であったとは解釈できない余地もあるのではないか」と反論し、「are null and void」が韓国側の最終案であると主張した。〈註51〉だが、日本側は「null and void」に条約が当初から無効だったという意味が含まれるという立場を堅持した。

二月八日の基本関係委員会では韓国側の英文の第二次条約案が提示された。この案で注目されるのは第二条の韓国政府の唯一合法政府確認条項である。すなわち、「It is confirmed that the Government of the Republic of Korea is the only lawful government in Korea as declared in the resolution 195 (III) of the United Nations General Assembly[註52]」として、国連決議を具体的に挿入したのである。だが、朝鮮民主主義人民共和国政府との交渉の余地を残したい日本側は依然として「the only lawful government」という表現について、「日本にとって絶対のめない条項」であると述べた[註53]。

二月一〇日の基本関係委員会では日本側が第三次条約案を提示した[註54]。この条約案ではいくつかの注目すべき点がある。第一に、日本案として初めて条約の名称を「Treaty」としたことである。第二に、前文に韓国側が主張する「歴史的背景」(the historical background)を挿入し、対日講和条約の引用については第二条aへの言及を削除したことである。第三に、第五条に初めて韓国政府の合法確認条項を加えたことである。そして、第四に、第六条の旧条約無効確認条項では初めてnull and voidという表現を受け入れたことである。

このように日本側の第三次条約案は形式としてはだいぶ韓国案に近づけたものの、次の諸点においては日本政府の主張を固守しており、その意味で日本側の立場を変更したものではなかった。第一に、唯一合法政府確認条項では韓国案の表現のうち、「the only lawful government」を「a lawful government」に変更し、「唯一の」というニュアンスを排除している。第二に、旧条約無効確認条項では「have become null and void」（無効になってしまった）として、旧条約が当初より無効であると解釈できる余地を狭めている。第三に、依然として第七条で国際司法裁判所への付託という文言が残されている。

ただし、日本側の第三次条約案が討議された際、日本側は唯一合法確認条項で「It is confirmed that the Government of the Republic of Korea is the only lawful government in Korea having been declared as a lawful government in the Resolution 195 (III) of the United Nations General Assembly」という代案を提示している。これに対し、韓国側はこの代案を含めて日本案を検討すると述べた〈註55〉。日本側が「the only lawful government」という文言を条約案として提示したのはこれが初めてである。

また、韓国側は第六条の旧条約無効確認条項について、「have been null and void」（無効である〔状態が現在まで至っている〕）という案も提示したが、日本側は「当初の韓国案の are null and void と同様に工合が悪い」としてこれを退けた〈註56〉。

椎名外相訪韓前の最後の基本関係委員会が二月一五日に行われた。この会合では条約の配列について合意に達した。すなわち、第一条外交関係、第二条旧条約無効確認、第三条韓国政府の唯一合法政府確認、第四条国連憲章の遵守、第五条通商、第六条民間航空、そして第七条批准で

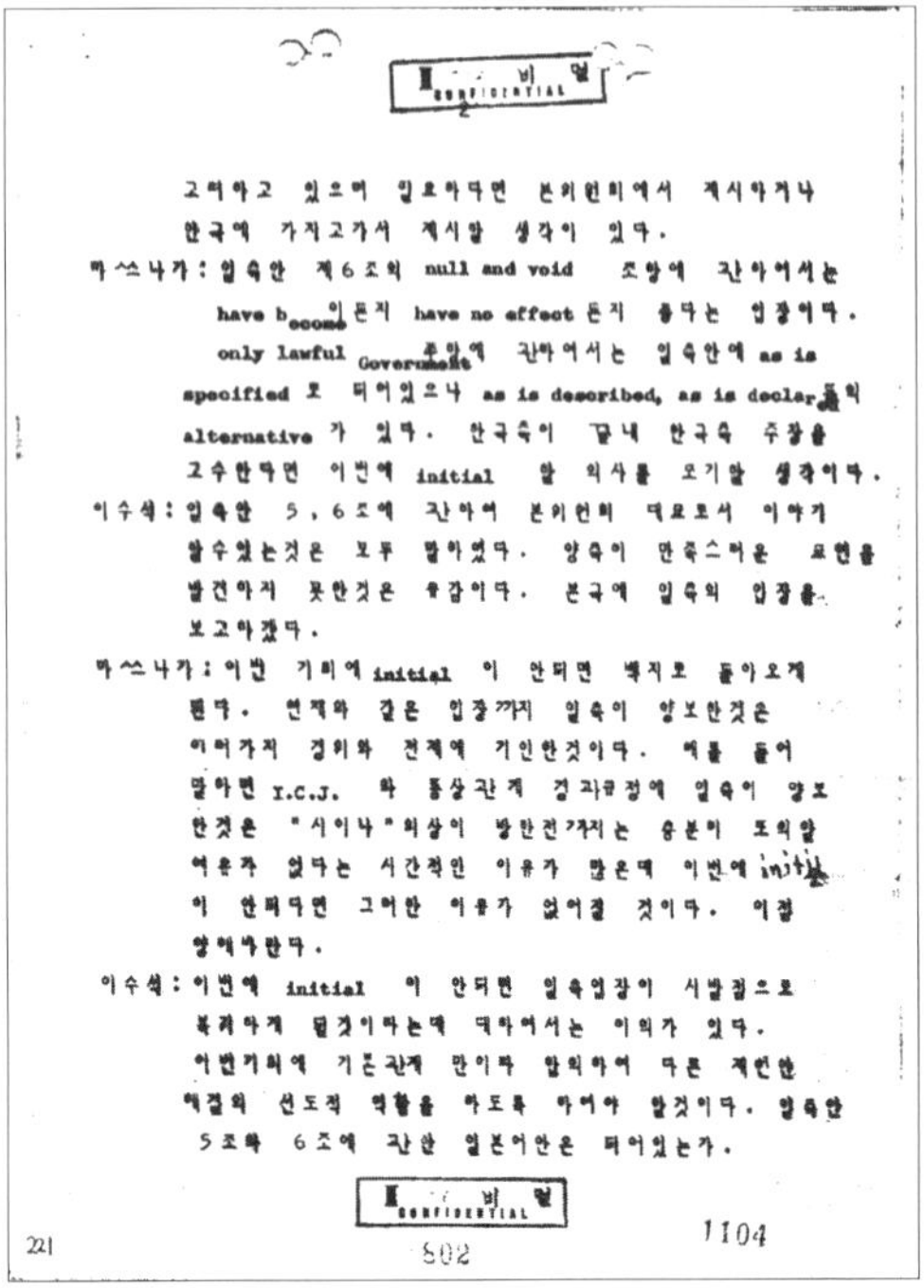

비 밀
CONFIDENTIAL

고려하고 있으며 필요하다면 본위원회에서 제시하거나
한국에 가지고가서 제시할 생각이 있다.
마쓰나가: 협약안 제6조의 null and void 조항에 관하여서는
have become 이든지 have no effect 든지 좋다는 입장이다.
only lawful Government 조항에 관하여서는 협약안에 as is
specified 로 되어있으나 as is described, as is declared 등의
alternative 가 있다. 한국측이 끝내 한국측 주장을
고수한다면 이번에 initial 할 의사를 포기할 생각이다.
이수석: 협약안 5, 6조에 관하여 본위원회 대표로서 이야기
할수있는것은 모두 말하였다. 양측이 만족스러운 표현을
발견하지 못한것은 유감이다. 본국에 일측의 입장을
보고하겠다.
마쓰나가: 이번 기회에 initial 이 안되면 백지로 돌아오게
된다. 현재와 같은 입장까지 일측이 양보한것은
여러가지 경위와 전제에 기인한것이다. 예를 들어
말하면 I.C.J. 와 통상관계 잠정규정에 일측이 양보
한것은 "시이나"외상의 방한전까지는 충분히 토의할
여유가 없다는 시간적인 이유가 많은데 이번에 initial
이 안되다면 그러한 이유가 없어질 것이다. 이점
양해바란다.
이수석: 이번에 initial 이 안되면 일측입장이 시발점으로
복귀하게 될것이라는데 대하여서는 이의가 있다.
이번기회에 기본관계 만이라 합의하여 다른 제현안
해결의 선도적 역할을 하도록 하여야 할것이다. 일측안
5조와 6조에 관한 일본어안은 되어있는가.

비 밀
CONFIDENTIAL

221　802　1104

「第７次会談基本関係委員会会議録」（韓 1455/221 頁）
日本側が国際司法裁判所提訴についての条項を取り下げた理由は韓国側の会議録のみに記録されている。

ある。〈註57〉竹島／独島領有権問題を含む紛争解決手段として国際司法裁判所に提訴するという条項はこの時点で削除された。これについては日本側が「椎名外相訪韓までは十分に討議する余裕がないという時間的理由」を挙げて譲歩したと、韓国側の会議録にのみ記録されている。〈註58〉

こうして、前文における国連決議および対日講和条約への言及、韓国政府の唯一合法条項および旧条約無効確認条項のみが未解決課題となった。

椎名外相訪韓時の基本関係交渉——決着の先送り

椎名外相訪韓時の一九六五年二月一八日に行なわれた基本関係問題実務者会議で「千九百五十一年九月八日にサン・フランシスコ市で署名された日本国との平和条約の関係規定

及び千九百四十八年十二月十二日に国際連合総会で採択された決議第百九十五号（III）を想起し」という、前文の国連決議と対日講和条約を想起する文案はほぼ合意に達した。とくに、対日講和条約については、日本側が韓国政府の独立を承認するために必須としていた同条約第二条a（日本国は、朝鮮の独立を承認して、済州島、巨文島及び鬱陵島を含む朝鮮に対するすべての権利、権原及び請求権を放棄する。）を特定しないことにより、対日講和条約締結をもって韓国独立を認めるという日本側の意図がぼかされる文案となった。[注59]

日本側は基本関係交渉当初より、対日講和条約による韓国の独立承認を国際法の手続きとして重視した。日本はポツダム宣言受諾により朝鮮を放棄したにもかかわらず、旧植民地の独立に対して、旧宗主国としてあたかも「主体的に」承認しようとしたかのようである。ただし、対日講和条約発効以前の一九四八年八月一五日に樹立した韓国政府としては、そのような日本政府の執着を最後まで認めることができなかった。

こうして残された問題は旧条約無効確認条項と韓国政府の唯一合法政府確認条項のみとなった。これらの問題についての文案が二月一九日に行なわれた、ソウル市内にある清雲閣という料亭で行なわれた会合（以下、清雲閣会合）で、旧条約無効確認については、日本側の文案の「もはや無効」＝「are already null and void」に、韓国政府の唯一合法政府確認条項は「～に明らかに示されているとおりの」＝「as specified in」で最終的に合意されたことは既存の研究で明らかにされている。

　後者については、日本側が「唯一の合法政府」という表現について、国連決議が直接修飾するように、「the only such lawful government in Korea as..」〈註60〉という案を提示していたが、この案は採用されなかった。しかし、肝心の清雲閣会合についての記録は、日韓双方の公文書にも含まれておらず、現状では清雲閣会合そのものについて、新史料に基づく議論はできない。

　ともあれ、清雲閣会合に臨む日韓双方の立場を比較すると、激しい反対運動を抑えて、ソウルでの日韓基本条約仮調印を実現させたい韓国側がより「不利」な状況にあったといえる。韓国側から提起され、基本条約の根幹となる旧条約無効確認条項と韓国政府の唯一合法確認条項が日本側の文案で最終決着がついたのであるから、これらについては韓国側が当初想定していたものよりも、より日本側の意図が反映された結果となったわけである。ただし、日本側の立場からすると、韓国政府の独立承認、韓国政府の管轄権問題、竹島／独島領有権問題および国際司法裁判所への提訴については基本条約から取り除くか希釈された。これらのことを勘案すると、日韓基本条約は日韓双方の妥協の産物であったといえるだろう。

　日韓基本条約締結後、日本および韓国の国会では、とくに旧条約無効確認条項および韓国政府の唯一合法確認条項について、両国の政府が自説を堅持して説明している。このことから、この条約の論点について、日韓それぞれが相手方の立場を堅持することを黙認する合意があったのではないかと思われる。つまり、植民地支配に対する歴史認識の議論も、決着を先送りにしたのであった。

おわりに

基本関係交渉はさまざまな議題が入り込んだため複雑となった。そこで、もう一度旧条約無効確認条項と韓国政府の唯一合法政府確認条項について、交渉経過をまとめておきたい。

第一期は韓国側から提案された旧条約無効確認条項をめぐって、日韓双方が激しく論戦した時期である。このとき、すでに朝鮮に対する植民地支配を合法（かつ正当）とする日本側と、それを不法（かつ不当）とする韓国側の基本認識が示された。とくに「無効」（null and void）という用語をめぐって、双方の立場が明確に現れた。

第二期は日韓双方の立場調整の時期だが、史料の関係から日本側の動きに注目した。日本側は旧条約無効確認条項に積極的に対応しようとしたときもあったが、結局韓国政府の唯一合法政府確認条項とともに、それらの問題よりも外交関係設立の重視を再確認するに至った。このような意図から国会の承認が不要な「共同宣言」形式を提案した日本側に対して、韓国側は日本との対日講和条約締結に準じた条約の締結を目指したため、「条約」形式を譲ることがなかった。

そして、第三期は日韓諸条約妥結の第一関門として基本条約締結が急がれた。しかし、一〇年以上交渉しながら、日韓双方の基本的な立場は同じくすることがなかった。そのため、双方の立場からの解釈可能な条文作成に心血が注がれることになった。このように、日韓基本条約ができあがったことにより、植民地支配認識をはじめとする諸懸案を先送りして、日韓国交正常化が実現したのである。

【註】

〈1〉なお、基本関係交渉の詳細な経過は吉澤文寿「日韓国交正常化交渉における基本関係交渉」（浅野豊美・木宮正史・李鍾元編『歴史としての日韓国交正常化Ⅱ　脱植民地化編』法政大学出版局、二〇一一年）を参照されたい。

〈2〉「韓・日会談 予備会談（一九五一・一〇・二〇—一二・四）資料集：対日講和条約に関する基本態度とその法的根拠、一九五〇」韓／七六、一七頁。

〈3〉「対韓折衝方式について考え得る三案」外務省、一九五一年一〇月一一日付、日／一六二五。

〈4〉同前、八二頁。

〈5〉日／九七六。原文は二八～三三頁。日本語訳文は三～八頁。英訳文は一三～一五頁。なお、原文は「第一次韓日会談（一九五二・二・一五—四・二一）基本関係委員会会議録、第一—八次」、韓／八〇、二八～三三頁にもあるが、この案は修正された案なので、日本側史料を参照した。

〈6〉「韓国側基本条約案に対する意見（案）」一九五二年三月一一日付、日／一八三五、一一二～一二〇頁。

〈7〉同前、一二七～一二九頁。なお、大郷は韓国案第一条を「大韓民国及び日本国は、相互に他方の当事国の政治的独立及び領土の保全を尊重する」という代案を示した。前掲「第一次韓日会談（一九五二・二・一五―四・二一）基本関係委員会会議録、第一―八次」二九頁をみると、この案は韓国側の修正案として採用されたようだが、基本関係委員会の議論には現れていない。

〈8〉同前、一三〇〜一三三頁。

〈9〉日／九七七、とくに韓国案第三条についての討論は一四〜一四頁。このとき、兪鎮午は韓国政府の法統も主張した。

〈10〉大野勝巳（一九〇五―二〇〇六）北海道出身。一九二九年京都帝国大学経済学部卒。翌年外務省に入省。外相兼大東亜相秘書官・終戦連絡中央事務局賠償部長などを歴任した。一九五一年マニラ在外事務所長としてフィリピンに赴任、同国との賠償交渉に当り、同年フィリピン副大統領兼外相・カルロス・ガルシアとの間で協定案（「大野・ガルシア覚書」）を交換したが、フィリピン世論や議会などの強い反対によって破棄された。その後一九五五年駐オーストリア公使、一九五六年駐西ドイツ大使、一九五七年外務事務次官を歴任し、一九五八年から六四年までは駐英大使を務めた。

〈11〉註9と同じ。

〈12〉「日韓会談省内打合せ会議事要録」一九五一年一二月一三日付、日／一六三六。

〈13〉「日韓会談第六回基本関係委員会議事要録」一九五二年三月二二日付、日／九七八、一九〜二一頁。

〈14〉同前および「日韓会談第七回基本関係委員会議事要録」一九五二年三月一八日付、日／九七九。兪鎮午は旧条約無効確認条項で「無効」という言葉を使うのは本国からの指令であると繰り返し述べている。

〈15〉「日韓会談第八回基本関係委員会議事要録」、日／九八〇。なお、韓国政府公開文書の前掲「第一次韓日会談（一九五二・二・一五―四・二一）基本関係委員会会議録、第一―八次」には、日本の条約案に対する反応を尋ねた大野の質問に対し、兪鎮午がまだ本国からの指令を受けていないと述べたと記録されている。

〈16〉前掲「第一次韓日会談（一九五二・二・一五―四・二一）基本関係委員会会議録、第一―八次」、五二～五四頁。

〈17〉倭島英二（一九〇五―一九八二）鳥取県出身。東京帝大法学部在学中の一九二八年に外交官試験合格。翌年外務省入省。一九四二年一一月中華民国大使館一等書記官、一九四五年二月大臣官房会計課長。日本敗戦後、終戦連絡中央事務局第四部長、同名古屋事務局長、外務省本省管理局長などを務める。一九五一年一二月にアジア局長。一九五三年一一月に特命全権公使に任命され、一二月よりインドネシアとの賠償交渉の代表となる。一九五五年四月には日本政府代表代理として第一回アジア・アフリカ会議に出席した。ベルギー大使、欧州経済共同体日本代表などを務め、一九六五年一二月に退官した。

〈18〉「日韓会談再開に関する（各省）連絡会議」、日／一〇三九、一七頁。

〈19〉日／一〇四五、一三～一四頁。

〈20〉日／一〇五〇、八頁。

〈21〉「昭和二八年度会談日誌　前期会談日誌」、日／四九七。

〈22〉「日韓交渉報告（再七）日韓交渉第二回本会議状況」一九五三年一〇月一三日付、久保田参与作成、日／一六九、六～七頁。

〈23〉「在韓抑留日本人漁夫と在日収容韓人等の措置及び日韓間全面会談再開に関する日韓両国政府間取極並びに本件取極実施のためにとるべき措置についての閣議請議の件」、日／一五二七、一四頁。

〈24〉日／一五三七、五および一二頁。

〈25〉「訓令　日本国と大韓民国との全面会談における」、一九五八年四月、日／一五三六、二～三頁。

〈26〉前掲「訓令　日本国と大韓民国との全面会談における」、四頁。

〈27〉日／一五三八、二頁。

〈28〉一九六〇年一〇月二〇日付で外務省条約局条規課が作成した「大韓民国管轄権の限界」という文書はその一例である。日／一八三九、一二～二八頁。

〈29〉日／一八四一、一～七頁。

〈30〉同前、八頁。

〈31〉日／一八四五、二頁。

〈32〉同前、四、七頁。

〈33〉日／一八四七、八～一二頁。

〈34〉「日韓会談基本関係問題」北東アジア課（「内田君ファイル」とある）、一九六四年四月一五日付、同前、二一頁。傍線（原史料では下線）はママ。

〈35〉同前、一二頁。

〈36〉日／一八四八。

〈37〉日／四四八。

〈38〉「日韓基本関係に関する合意要綱案」一九六四年一二月一〇日付、日／一八五一、一～六頁。

〈39〉第七次日韓会談基本関係委員会の議事録は次の通りである。日／一〇九〇／一三四五～一三四七。「第七次韓日会談、基本関係委員会会議録及び訓令・一九六四・一二―六五・二」、韓／一四五五。以下、煩雑さを避けるため、これらの議事録については特別な引用などを除き、脚注を省略した。

〈40〉前掲、「第七次韓日会談、基本関係委員会会議録及び訓令・一九六四・一二―六五・二」、八～九頁。

〈41〉「基本関係に関する韓国側立場要綱（案）」一九六四年一二月一〇日付、前掲、日／一八五一、七～二一頁。

〈42〉註37と同じ。

〈43〉前掲、日／一八五一、二八頁

〈44〉「日本国と大韓民国との間の基本関係に関する（合意）案」一九六五年一月二五日付、および「日本国と大韓民国との間の――――（案）」一九六五年一月二六日付。前掲、日／一八五一、三七～六一頁。

〈45〉同前。

〈46〉「DRAFT BASIC TREATY BETWEEN THE REPUBLIC OF KOREA AND JAPAN」、日／一八五二。

〈47〉前掲、日／一三四六、七～二六頁。

〈48〉同前、五五頁。同条約案の英文は二月八日の第一〇回会合で提示された。

〈49〉「未定稿　日本国と大韓民国との間の基本関係に関する条約（案）」、日／一八五三、二〇頁。

〈50〉前掲、日／一三四六、五六頁。

〈51〉同前、六三頁。

〈52〉同前、七二頁。

〈53〉同前、六一頁。

〈54〉日／一三四七、九～一四頁。

〈55〉同前、七～八頁。

〈56〉前掲、日／一三四七、六～七頁。

〈57〉同前、二八頁。

〈58〉前掲、「第七次韓日会談、基本関係委員会会議録及び訓令一九六四・一二―六五・二」、二二一頁。

〈59〉同前、二六二～二六三頁。

〈60〉前掲、日／一八五三、七三、八二頁。その日本語文は「大韓民国政府は、国際連合総会決議第一九五（Ⅲ）に明記されているような朝鮮にある合法的な政府としては唯一のものであることが確認される」というものであった（同、七七頁）。

Ⅲ

「完全かつ最終的に解決された」請求権とは何だったのか

――財産請求権

本章では、今日の「植民地責任」問題にもっとも関係する財産請求権について考察する。この問題についての研究[注1]が多いが、ここでは最近開示された外交文書を利用し、今まで十分取り上げられなかった、以下の三点に注目したい。

第一に、在朝日本人財産をめぐる論議の検証である。既存の研究では韓国側の請求権、とりわけ個人請求権がどのように処理されたかという問題に焦点を合わせてきた。しかし、外務省の文書を読むかぎり、同省はそれと同様か、より重きを置いて在朝日本人財産の処理に関心を持っていた。

第二に、日本側から韓国側の個人請求権に応じて支払おうとする提案についての検証である。既存の研究ではしばしば韓国側からの証拠提示を要求することで、日本側は韓国の請求金額を下げようとしたと指摘されてきた。[注2]しかし、今回開示された文書により、このアプローチにはさらなる意味があることがわかった。

第三に、日韓請求権協定第二条第一項（資料編二二〇ページ参照）の「完全かつ最終的に解決」された請求権の内容についての検証である。既存の研究では、個人請求権についての論議が不足していたり、まったく議論されなかったり、あるいは基本関係問題との取引として、韓国人の個人請求権が未解決のまま処理されてしまったとされている。この点については一九六一年以降の第六・七次会談期の論議を詳細に検討することで、とくに日本側が消滅させようとした請求権の内容を再確認する必要がある。

とくに第三の論点は、「はじめに」で述べたように、今日の植民地支配／戦争被害者の人権回復の問題と密接に関連している。この問題は日韓請求権協定によって「解決」しているのか。請求権交渉の検証は、最終的にこの問いへと立ち返ることになるだろう。

1　在朝日本人財産への関心

一九四五年に敗戦した後、日本政府が関心を持ったのは在外日本財産、とりわけ私有財産の行方であった。〈註3〉一九四八年五月二日に外務省条約局条約課が作成した「割譲地域にある譲渡国の財産、権利、利益の取扱について」という文書では、イタリア平和条約を中心に、ヴェルサイユ、サン＝ジェルマン条約を研究して、日本の場合における在外財産の処分について推測している（筆者注＝イタリア平和条約は一九四七年二月一〇日に締結。第二次世界大戦の平和条約として、旧枢軸国イタリアが連合国二一カ国と締結した。ルーマニア、フィンランド、ブルガリア、ハンガリーも連合国と平和条約を締結し、イタリア平和条約を含めて「パリ条約」と総称される。ヴェルサイユ条約は一九一九年六月二八日に締結された。フランスのヴェルサイユで、第一次世界大戦における連合国とドイツが締結した講和条約の通称である。そして、サン＝ジェルマン条約は一九一九年九月一〇日に締結された。フランスのサン＝ジェルマン＝アン＝レー城で、第一次世界大戦における連合国側とオーストリア第一共和国が締結した条約の通称である）。外務省は、国有財産が賠償の一部として割譲地域に譲渡されることを止むなしとしたが、私有財産については執着した。

外務省は私有財産について、とくに第一次世界大戦でドイツがすべての海外植民地を失うことになったヴェルサイユ条約の規程に注目した。ヴェルサイユ条約は、アルザス・ロレーヌおよび旧ドイツ植民地については国籍選択権を厳重に制限し、国籍選択者の退去に対する特別な取扱を認めていない。このことは、割譲地域である朝鮮、台湾、樺太などに居住していた日本人がすべて敗戦後に事実上の強制退去となり、その私有財産も大部分残置したという、第二次世界大戦で敗戦した日本の事例の参考になるとされた。

ただし、外務省は「朝鮮にある私有財産については賠償の観念を適用する根拠がなく又これを公有財産と同様無償で朝鮮に継承されることにするのは不合理であるから何らかの救済措置が適用されるべきであろう」〈註4〉と考えていた。ここに在朝日本人財産に対する日本政府の請求権主張の基礎となる思想が見られる。

なぜ日本側は在朝日本人財産の請求権を主張したのか

一九五二年二月から始まる第一次会談で、韓国側が「韓日間財産および請求権協定要綱」（いわゆる対日請求八項目）を提示したのに対して、日本側は在朝日本人財産に対する請求権を主張した。

韓国側が提示した要綱の要旨は次の通りである。

一、朝鮮銀行を通じて搬出された地金と地銀の返還を請求する。
二、一九四五年八月九日現在の日本政府の対朝鮮総督府債務の弁済を請求する。
三、一九四五年八月九日以後韓国から振替又は送金された金員の返還を請求する。
四、一九四五年八月九日現在韓国に本社、本店又は主たる事務所があった法人の在日財産の返還を請求する。
五、韓国法人または韓国自然人の日本国又は日本国民に対する日本国債、公債、日本銀行券、被徴用韓人の未収金、補償金及びその他の請求権の弁済を請求する。
六、韓国人（自然人及び法人）の日本政府又は日本人（自然人及び法人）に対する権利の行使に関する原則。
七、前記諸財産又は請求権から生じた諸果実の返還を請求する。
八、前記の返還及び決済は協定成立後即時開始し、遅くとも六カ月以内に終了すること。

結局、この日本側の請求権は一九五七年一二月三一日の日韓共同宣言で対日講和条約第四条

との解釈を示したものである。

(三)[redacted]

従つて昭和三十一年十月以降中川アジア局長と金公使との間に行われた抑留者相互釈放交渉の際、先方は日韓全面会談再開のための前提条件としてわが方の対韓請求権の放棄を明確にすることを要求してきたので中川局長から本請求権問題解決のため米国政府見解を基礎とする意向を示し、翌三十二年一月末以降開始された抑留者相互釈放と平行して行われた日韓全面会談再会のための交渉においては双方の間で本請求権問題については米国政府見解を基礎として解決をはかると

との解釈を示したものである。

(三)本来、わが方の法律論は、尨大と予想された韓国側の賠償的要求を封ずるためと請求権の相互放棄を提起することは国内補償問題を誘発するとの顧慮から出たものであり、米国政府の見解を待つまでもなく立論にも無理があるのを免れなかつた。

従つて昭和三十一年十月以降中川アジア局長と金公使との間に行われた抑留者相互釈放交渉の際、先方は日韓全面会談再開のための前提条件としてわが方の対韓請求権の放棄を明確にすることを要求してきたので中川局長から本請求権問題解決のため米国政府見解を基礎とする意向を示し、翌三十二年一月末以降開始された抑留者相互釈放と平行して行われた日韓全面会談再会のための交渉においては双方の間で本請求権問題については米国政府見解を基礎として解決をはかると

「懸案対日請求権の経緯及び解決方針に関する参考資料」(1959 年 1 月 31 日、アジア局総務参事官室、日 1600/71 頁) 註 6 の資料である。初回の開示決定では不開示 (右) だったが、2013 年 10 月の東京地裁判決を受けて、外務省が開示 (左) した。

b項についての米国務省覚書〈註5〉を基礎として、正式に撤回された。外務省も認めているように、日本側の請求権は「厖大《ぼうだい》と予想された韓国側の賠償的要求を封ずるため」に主張されたものであった。その一方で、外務省は「請求権の相互放棄を提起することは国内補償問題を誘発する」と考えていた〈註6〉。

一九五八年二月一八日付の文書によると、外務省は在朝日本人財産の補償について、「連合国内における日本財産に関する処理と全く同様であり、このことは広く戦争被害者全般に対する救済の問題として財政その他の見地より総合的に検討されるべき問題〈註7〉」としている。日本政府はこのような姿勢を

現在も堅持しており、一九五七年五月一七日に制定した引揚者給付金等支給法以外の措置を行っていない。

日本政府外交文書の不開示部分のうち、在朝日本人財産関連の情報が多く含まれており、外務省が韓国人に対する補償と同等か、それ以上に在朝日本人に対する補償問題に神経を尖らせてきたことがわかる。

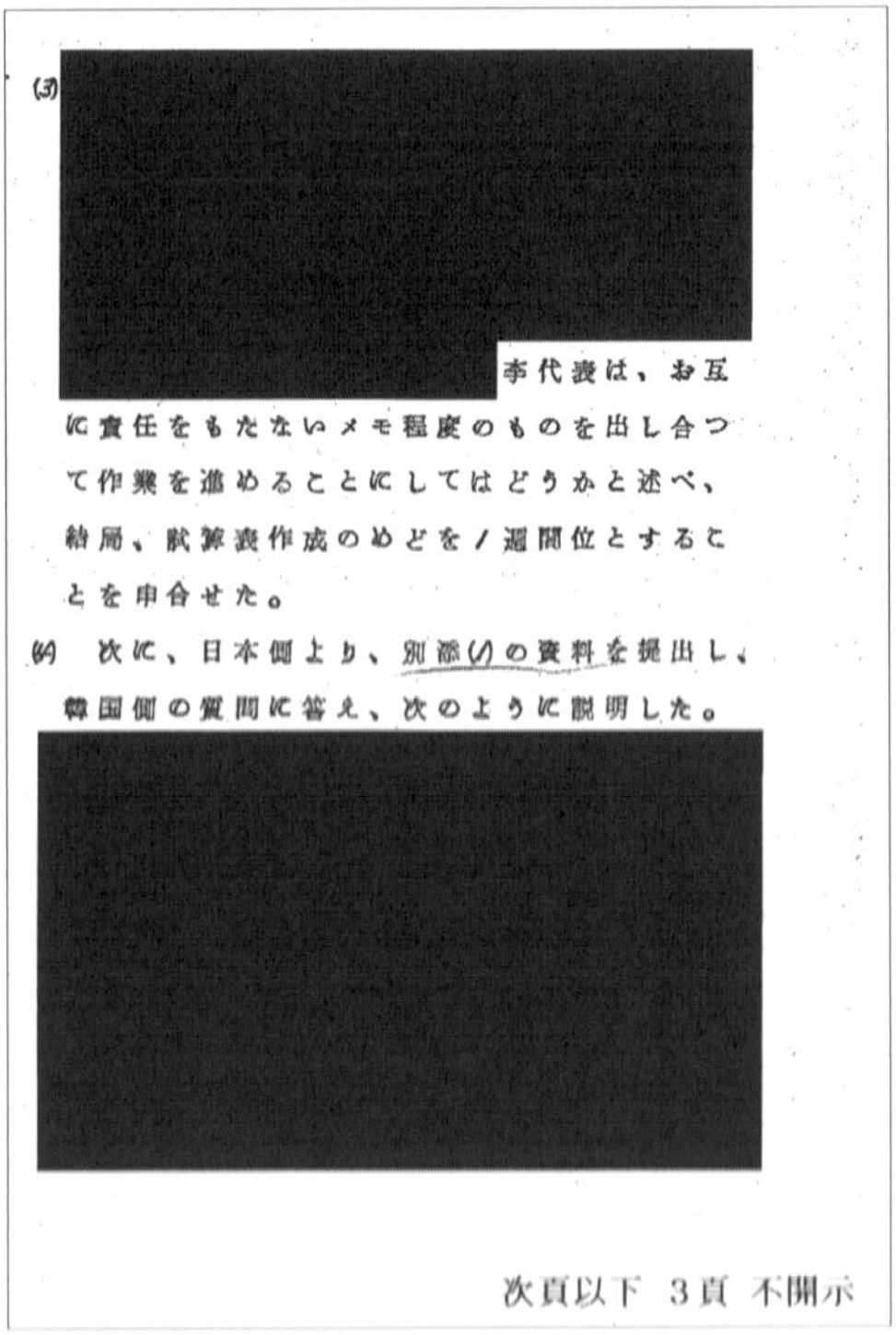
(3) [redacted] 李代表は、お互に責任をもたないメモ程度のものを出し合つて作業を進めることにしてはどうかと述べ、結局、試算表作成のめどを1週間位とすることを申合せた。

(4) 次に、日本側より、別添(ハ)の資料を提出し、韓国側の質問に答え、次のように説明した。

[redacted]

次頁以下　3頁　不開示

「一般請求権小委員会臨時小委員会第２回会合」（1961年11月30日付、北東アジア課、日1223/11頁）外務省および大蔵省の試算の詳細は現在も不開示である。

第Ⅰ章で東南アジア諸国に対する日本の賠償について言及したが、戦後日本はアジアに対する賠償を非常に安く処理してきたことはしばしば指摘される。しかし、「安上がりの賠償」に在朝日本人財産についての補償不履行が含まれていることは、見落とされがちである。

もちろん、在朝日本人とは植民地朝鮮において支配者として君臨してきた人た

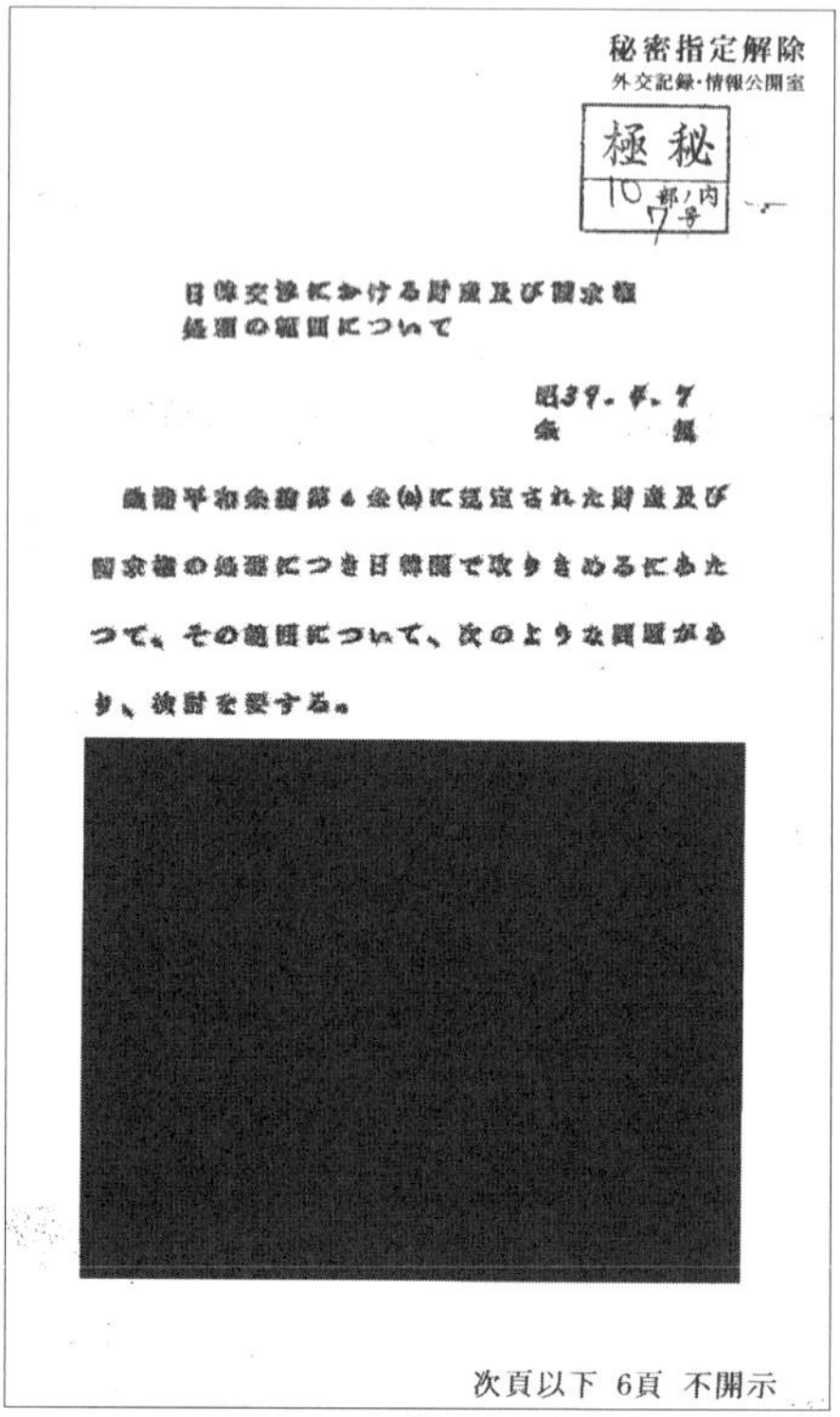
秘密指定解除
外交記録・情報公開室

極秘
10部ノ内 7号

日韓交渉における財産及び請求権
処理の範囲について

昭37.5.7
条　規

対日平和条約第4条(a)に規定された財産及び請求権の処理につき日韓間で取りきめるにあたつて、その範囲について、次のような問題があり、検討を要する。

[redacted]

次頁以下 6頁 不開示

「日韓交渉における財産及び請求権処理の範囲について」（日 1907/1頁）請求権問題と対日講和条約との関連についての情報は現在も不開示である。

ちであり、被支配者であった韓国人と同等の地位ではない。請求権の性質もまた、帝国主義に基礎をおいた諸活動の果実に対する代価と帝国主義による暴力や収奪に対する代価を比べたり、ましてや相殺したりすることは妥当な発想ではなかろう。

だが、引揚者として帰国した彼らの中には、日本人社会の周辺または底辺で生き抜くことを強いられた者が少なくなかった。〈註8〉そうであるならば、「日本対アジア」という単純な構図ではなく、例えば日本帝国主義の所産として形成された旧内地居住者―引揚者―旧植民地出身者という「戦後日本」における重層構造を踏まえた論議が必要であろう。

2　日本政府による「債務履行」案をめぐって

外務省が「債務履行」を検討していた理由

第一次会談は日本側が在朝日本人財産に対する請求権を主張したため、韓国側がこれに抗議し、決裂した。こうして対日講和条約発効までに日韓国交正常化は実現できなかった。その直後より、日本政府は日韓会談の再開を模索するが、その際に（一）先述の米国務省覚書を基礎とする請求権の相互放棄（一二一ページ〈註5〉参照）、（二）韓国人に対する債務の一部履行を提案することが検討された。

すなわち、一九五二年一一月の時点で、外務省は「従来会談不成立の主要原因となった請求権に関する我方従前の解釈を再考し、桑港平和條約第四條B項は、素直に米側と同様に解し、我方請求権のないことを認め、同時に韓国側の対日請求権をも放棄せしめることとする」〈註9〉という方針を示した。また翌年三月の日韓請求権協定案第一条に上記の趣旨による請求権の相互放棄を規定し、第三条（第二案）には次のような条文を検討していた。

第三条　日本国は、前記第一条の規定にかかわらず次のものは別に制定される日本国の法令に従ってこれを支払う。

（Ⅰ）千九百四十五年九月二日前に日本国の軍隊の構成員であった韓人の勤務に関する給与、軍事郵便貯金及び戦傷病者、戦没者に対する補償。

（Ⅱ）千九百三十八年の国家総動員法に基づいて徴用され又は総動員業務につき協力を命ぜられた韓人及び日本国の陸軍及び海軍の要請に基づいて戦斗に参加した韓人のそれぞれの勤務に関する給与及び戦傷病者、戦没者に対する補償。

（Ⅲ）日本国の領域において預入れられた郵便貯金並びに契約された簡易生命保険及び郵便年金（未経過保険料及び年金を含む）。

（Ⅳ）恩給。但し総理府恩給局裁定の国庫支辨のものに限る。〈註10〉

これらの方針は外務省参与の久保田貫一郎が首席代表を務めた第二・三次会談（一九五三年四月～一〇月）にも維持された。第三次会談時の外務省の交渉方針として、日韓請求権の相互放棄とともに、「（一）日本陸海軍に属した軍人及び国家総動員法によって徴用された韓人に対する給与その他の未払金で日本の法令に従って支払われるもの（二）戦前の勤務により日本の恩給を受ける権利のある韓人に対する恩給で日本の法令に従って支払われるもの（三）戦後日本から引揚帰国した韓人からの税関預かり金」をその例外とした〈註11〉。

久保田参与といえば、一九五三年一〇月一五日の第三次会談請求権分科委員会にて「日本の朝鮮統治は必ずしも悪い面ばかりでなく、よい面も多かった」〈註12〉などと発言し、韓国側の怒りを買って、会談を決裂させた張本人である。その外務省が韓国側の個人請求権に応じる姿勢を示していたことは、意外に思われるかもしれない。しかしながら、このことは外務省においてまったく矛盾していなかった。すなわち、日本の朝鮮植民地支配が合法であるという前提に立っていた外務省は、未払金や恩給などについては当然支払うべき金銭であると考えていた。

その証左として、上記の外務省による「債務履行」案は「久保田発言」によって日韓会談が四年半決裂していた間も維持された。一九五七年三月の外務省の交渉方針案では、「個々の証憑書類確認の上支払う用意あり」として、①引揚韓国人の税関預り金、②軍人、軍属および政府関係徴用労務者に対する未払給与、③戦傷病、戦没軍人、軍属に対する弔慰金、年金、④一般徴用労務者のうち負傷者、死者に対する弔慰金、⑤未払恩給、⑥閉鎖機関および在外会社の残余財産のうち、韓国人名義で供託されまた将来供託されるものの六項目を列挙した。このうち、大蔵省は引揚韓国人の税関預り金、未払給与および恩給について支払い可能であるとした〈註13〉。第四次会談が始まる直前の一九五八年三月三一日付の「請求権問題に関する基本方針案」でも、外務省は「韓国人に対する日本政府の債務（国債、被徴用者の未払金等）は支払う〈註14〉」としていた。

「債務履行」から「経済協力方式」への方針転換

一九六〇年一〇月より第五次会談が始まり、一般請求権小委員会で韓国側が第一次会談で掲げた対日請求項目（九五ページ参照）を改めて示し、ようやく具体的な請求権論議が始まった。しかしながら、この時期に日本政府内では、とりわけ外務省と大蔵省が立場を調整するための打合会がたびたび行われた。この過程で外務省の「債務履行」案は急速に消滅していく。一九六一年二月七日に行われた外務省と大蔵省との打合会で、請求権交渉における議題の順位について次のような議論が行われた。

外務省側から、会談においては、比較的問題の少ない例えば、未払給与のようなものから先に取り上げて討議することにしてはどうかと述べたのに対し、大蔵省側より未払給与のごときは韓国側ではすでにもらったような気になっており、このようなものから入ることは韓国側に不当な希望を抱かせることになるのではなかろうか、むしろ、八項目の順位に従って、あれもダメ、これもダメとして進めていくことが交渉のタクティックとして有利ではなかろうかとの意見が述べられた〈註15〉。

外務省が「未払給与のようなもの」から議論しようとしたのに対し、大蔵省はこれに反対し、むしろ韓国側の請求項目を一つずつ否定するかたちで交渉すべきであると述べた。周知のように、一九六一年五月一〇日の一般請求権小委員会で日本側が韓国人個人に直接手渡すかたちで未払給与などを支払いたいと申し出たのに対し、韓国側はこれを拒絶し、「支払いの問題は韓国政府の手で行ないたい〈註16〉」と述べた。従来の研究において、外務省の「債務履行」案は韓国人個人からの証憑資料などの提示を前提とするものであったため、対日請求額の減少を避けたい韓国側に受け入れられるものではなかったとされる。だが、このような交渉以前に、日本側は「債務履行」に消極的になっていた。したがって、韓国政府が日本政府からの個人補償提案を断ったとする論は誤解というべきである。

それは後述するように、日本側はいわゆる「経済協力方式」による請求権問題の解決を目指す方針に転換したからであった。日韓請求権協定は第一条で日本は韓国に無償三億ドル、有償二億ドルの経済協力の供与を定めている。この無償三億ドルを骨子とする請求権問題の解決案が外交文書で確認できるのは、一九六一年五月のことであった。〈註17〉これは第Ⅰ章で述べたように、日本政府が請求権論議を「棚上げ」にするとともに、「過去の償いということではなしに、韓国の将来の経済および社会福祉に寄与するという趣旨」の対韓経済協力を行なうことを目指した結果である。

その直後に韓国で軍事クーデターが発生し、朴正熙が政権を掌握すると、日韓会談はいっそう妥結へと加速した。一九六一年九月一四日に外務省は他国との賠償協定の金額を参考にしつつ、韓国に対する経済協力について、「請求権処理及び経済技術協力（無償）」二億五四二七万ドル、累積債務四五七二万ドル余り、五年間かけて経済開発借款二億五〇〇〇万ドルを供与する案を作成した。〈註18〉これは請求権処理および無償経済協力に、当時までの日韓貿易による韓国側の累積債務を加えて三億ドルとする提案である。同年一一月一一日の日韓首脳会談では韓国側の対日請求権について充分な討議を経た後に、請求権問題解決のための政治折衝をすることで合意された。〈註19〉だが、このときには、日本側では経済協力方式による解決を目指して、議論を積み重ねていたといえよう。

一九六二年三月一二日からの日韓外相会談に備えて、外務省は次のような基本方針を立てていた。

第一に、今までの請求権をめぐる論点を改めて十分討議する。

第二に、「(ⅰ) 事実関係の確認がきわめて困難であること、(ⅱ) 関係法規が朝鮮の独立ということを前提としていないこと、(ⅲ) 全鮮分請求額から南鮮分を算出する方法は概括的ならざるをえないこと、(ⅳ) 何らかの形で〔対日講和条約第四条b項に対する――引用者注〕「米国解釈」を適用する用意があること等の事情があるため、法的根拠のある請求権の支払いという建前を貫くかぎり、支払いうるものはきわめて少額にならざるをえない」ことを韓国側に十分納得させた上で、「日本側としては十分に裏付け資料のないものや実定法上の根拠が薄弱なものでも、条理や国際慣例に照らして妥当と認められるものについては、それらをも加味して解決する用意がある」と説明する。

そして、第三に、「(ⅰ) できうれば韓国側をして請求権を放棄せしめ、これを受けて日本側から一定金額を贈与する方式」「(ⅱ) (韓国側が(ⅰ) に応じない場合は) 日本側より一定金額を贈与し、これを受けて韓国側が請求権の完全かつ最終的な解決を確認する方式」のいずれかに落着させる。〈註20〉

ここまで議論が進んだ段階で、日本側は総額約一億ドルの贈与という案を提示しようとしていた。なお、この方針では前述の韓国側の累積債務を「最後の切り札」として交渉の最終段階まで留保して触れないことにしていた。

つまり、この段階で外務省は未払給与や恩給などの「法的根拠のある請求権」、すなわち植民地支配の合法性を前提とし、その法律などに則した韓国人個人の債権を放棄させ、無償経済協力による「請求権の完全かつ最終的な解決」を図ろうとしていたのである。

しかし、このときの外相会談では金額の提示には至らなかった。同年一〇月および一一月の大平正芳外相と金鍾泌韓国中央情報部長との会談によって、日本側が韓国に無償三億ドル、有償二億ドルの経済協力を実施し、民間借款一億ドル以上を約束することで、請求権問題を解決するという原則的な合意が成立した。

このように、日本政府は日韓交渉が進展しない段階において、交渉を促進させるために「債務履行」案を提起していた。しかし、李承晩政権が崩壊し、張勉政権、そして朴正煕政権が対日交渉により積極姿勢を見せると、日本側は経済協力供与による解決を目指し、「債務履行」案を放棄した。この日韓会談の経緯により、日本側は植民地支配の合法性を前提としつつも、韓国人たちへの債務を履行する機会を自ら消滅させたのである。

3　「完全かつ最終的に解決」された請求権の内容

被害者一人ひとりよりも、韓国政府への一括資金供与へ

では、日韓請求権協定によって「解決」される請求権の内容について、日本政府は何を想定していたのだろうか。この点について、外務省が作成した外交文書を通して、日本政府の思想を読み解くことができる。

まず、池田と朴正熙による日韓首脳会談直後の一九六一年一一月一五日に開かれた外交政策企画委員会で行なわれた外務官僚の発言をいくつか取り上げたい。

※安川「個人のクレームの部分が多いということだが、これを個人に支払うということになると韓国政府は benefit を受けないし、経済建設のための資金を得ることはできないので

はないか。」

※卜部「わが方としては、個人のものは個人に支払いたいと思っている。しかし、韓国政府としては外貨又はこれに代る意味での日本の資本財（製鉄所、ダム、高速道路などの資材など を含む―引用者注）が入っていくわけで、この資本財を払下げて、個人への支払いの資金をつくれば良いように思う。

また、個人のものは個人に支払うという考え方は、最後まで貫きとおし得ず、結局支払いを韓国政府に委すことになるかも知れない。そのときは、在日朝鮮人の扱い方につき韓国側との間でよく話し合っておく必要がある。」（中略）

※新関「韓国政府は早く資金が欲しいのだし、個人の懐に入るのでは、政府としては困るのではないか。」

※卜部「恩給のようなものは韓国政府に資金を渡し、個人への支払いは韓国政府の責任とすることも一般に出来るわけだ。韓国政府の欲しい円資金がこうして出来るわけだ。〈註21〉」

このように外務官僚たちは韓国政府が経済開発のための円資金を獲得したがっていることを前提に、個人請求権を名目とするものも含めて、韓国政府がそれを極力管理できるかたちを目指していた。偶然であるが、このなかで、卜部敏男外務省参事官が日本からの資本財を払い下げて韓国国内での補償金の財源を作ればよいとする発言は、日韓国交正常化後に韓国政府が採用した政策とほぼ合致する。

日本人への補償も回避する方針

また、韓国政府は提示した八項目の対日請求のうち、第六項「韓国法人、自然人所有の日本法人の株式またはその他証券の法的認定」として、国交正常化以後の対日請求を認めよと主張していた。これに対して、一九六二年三月の日韓外相会談の準備作業として作成された資料によると、外務省条約局法規課は国交正常化以後に韓国からの請求権を一切認めず、時効の進行停止の措置も取らせないという姿勢を示していた〔註22〕（筆者注＝時効とは、法律で、一定の事実状態が一定期間継続した場合に、真実の権利関係に合致するかどうかを問わずに、その事実状態を尊重して権利の取得・喪失という法律効果を認める制度。時効の進行が停止されれば、時間の経過にかかわらず法律効果が認められる。つまり、請求権主張が可能である。外務省はそのような時効進行停止措置を認めないと言っているのである）。

さらに、前述の大平・金鍾泌会談後の一九六二年一二月二五日に、外務省は李承晩ライン「侵犯」を理由に韓国の警備艇によって拿捕された日本漁船の返還請求を求める大蔵省に対して、今後拿捕漁船に対する請求をしないとして、次のように説明した。

当省の考えている解決方式は「請求権を放棄する」との表現はとらず、「返還請求を今後主張しない」とするものであって、大蔵省の心配しているような放棄方式ではない。そしてその法律的説明としては外交保護権の放棄であって、個人が直接請求する権利まで消滅せしめているものではないとの立場をとり、その上で、漁民の実際上の必要を満足するため別途立法措置を講じ拿捕漁船に対し見舞金を支給することにより問題を解決するのが適当と考えられる〈註23〉（筆者注＝外交保護権とは、自国民が一般に外国においてその身体や財産を侵害され、損害を受けた場合に、国家がその侵害を自国に対する侵害として、みずから相手国の国際法上の責任を追及する権利のことである。ただし、外務省によれば、これは国が有する権利であり、個人の権利を国が代わって行使するものではない）。

ここで注目されるのは、拿捕漁船に対する請求をしないことは請求権の放棄ではないという説明である。すなわち、外務省は外交保護権のみを放棄するのであり、個人の請求権を消滅させる措置ではないと説明している。このようなわかりにくい外務省の姿勢の背景には在朝日本人財産の処理問題がある。外務省は日本漁民に対して補償金ではなく、見舞金を支給する方針であった。

そのことは、前述のように引揚者給付金のみの支給で処理した在朝日本人財産への対応に合致する。〈註24〉すなわち、外務省は日本人が持っている請求権についても、国内補償を回避しつつ、あいまいに処理するという方針を推進したのである。

大蔵省がこだわった「完全かつ最終的な解決」

このような議論を経て、最終的に協定文を検討する段階で「完全かつ最終的に解決される」請求権の内容はより厳密に議論された。その内容は外務省が交渉記録をまとめて作成した『日韓国交正常化交渉の記録』に詳しい。一九六五年三月二四日から東京で日韓外相会談が始まる。この時期に、請求権問題の解決をめぐって日韓間で意見の相違があると、大蔵省は外務省にたびたび指摘していた。三月二九日付で椎名悦三郎外相が作成した日韓間の合意内容案で、「請求権の解決」は「関係協定の成立時に存在する日韓両国および両国民の財産ならびに両国および両国民の間の請求権に関する問題は、桑港平和条約第四条に規定するものを含めて完全かつ最終的に解決されたことになる」〈註25〉とされていた。この案に対して、大蔵省は「具体的に韓国側要求の請求権を消すことにしないと具合が悪い」〈註26〉として、次のように懸念を示した。

大蔵省としては、従来から請求権の方ははっきりきめられないまま、ほっぽらかされ、今度も経済協力の方だけをとられるのは具合が悪いし、それに韓国側はいろんな請求権がまだあるのだという顔を現にしていたから、「それでは困る。韓国側請求権が全くなくなることがイニシアル文章（四月三日に仮調印された合意事項のこと―引用者注）で明らかにならねばならぬ」と強く主張した……〈註27〉

そして、大蔵省は「とくにこの八項目の解消されるべき旨一札とっておくことを強硬に主張し、これが入れられなければ合意事項の閣議決定に印をおさない」〈註28〉とまで主張したのであった。このような強硬な突き上げを受けて、外務省が韓国側との交渉を進めた結果、一九六五年四月三日に請求権、法的地位、漁業問題の合意事項が仮調印されることになった。その「請求権の解決」についての合意内容は、前述の「…完全かつ最終的に解決されたことになる」という文案のみが公表され、次のような不公表の合意議事録（資料編二三一ページ参照）が加えられた。

完全かつ最終的に解決されたことになる日韓両国及び両国民の財産並びに両国及び両国民の間の請求権に関する問題には、日韓会談において韓国側から提出された「韓国の対日請求要綱」（いわゆる八項目）の範囲に属するすべての請求権が含まれており、したがって、関係協定の発効により、同対日請求要綱に関しては、いかなる主張もなしえないこととなることが確認された。

大蔵省はこの合意議事録を高く評価し、「請求権については、この不公表合意議事録が唯一のとりでで、あやうく韓国にくい逃げされるところだった。これで私共としては将来協定作成のラウンドに持込む際に向こうの私的請求権まで消せることについて足掛りを担保したつもりであった〈註30〉」と述べている。

「請求権」は「いちゃもん権」

仮調印後、請求権交渉は条文化作業を本格化させる。とくに日韓請求権協定第二条の日本案作成過程について、当時交渉を担当した佐藤正二外務省大臣官房審議官による以下の記述は注目される。

第二条の審議では「請求権」の取り扱い方が大きな問題だった。最初の案では「財産、権利、利益」と入れたのだが、それと「請求権」が観念的にあまり分離されないでいた。法制局で審議したところから、一体請求権とは何だという話になった。「財産、権利、利益」は国内法上 establish されたものであって、「請求権」がそれ以外のものだという観念ならば、一種の「いちゃもん」をつけるような権利ではないかというような話になり、そこでいわゆる処分の対象になるものは、そのいちゃもん権ではなくて、むしろ「財産」「権利」「利益」の実体的な権利を処分の対象にすればいいではないかと、だんだん考えがはっきりしてきた。このような考え方がはっきりするのに従って案文も変ってきている。それでもなお請求権は残るではないかという議論、たとえば、殴られて裁判継続中で実体的にはまだ損害賠償請求権が発生していないけれども文句は言っているというようなものまでつぶしておかないといけないからあとに「請求権」という字句を条文に入れたわけだ。

もう一つの問題は、北鮮に対する考慮である。北鮮からの請求はどうすることもできない。これは残るという話になった。また、終戦の時、朝鮮にいた人で、今、第三国に行っている人の持つ権利についても、韓国政府としては何も文句を言えない。「管轄のもとにある」という言葉はそういう考えから出てきたものだった。〈註31〉

まず、引用の前段部分はひとことで言うと、日韓請求権協定第二条にある「請求権」とは日本の国内法上確立された「財産、権利、利益」以外の「いちゃもん権」だという考えが示されている。前節で述べたように、日本政府が呼ぶ「法的根拠のある請求権」とはこの「財産、権利、利益」のことであろう。そうであるならば、日本政府が認めない請求、すなわち日本の植民地支配の責任を問うような請求はすべて「いちゃもん権」としての「請求権」となる。このように大蔵省ばかりでなく、外務省も韓国側のすべての請求権を消滅させようと腐心していたことがわかる。

なお、引用の後段部分のように、日本政府は朝鮮北部の問題についても関心を持ち続けた。ここでは朝鮮民主主義人民共和国政府からの請求権のみが取り上げられているが、日本政府は朝鮮北部の在朝日本人財産の問題にも神経を尖らせていた。日韓請求権協定第二条は第一項ばかりが注目される。しかし、実は第三項の「管轄の下にある」という文言こそ、外務省の思想を表現するものであった。佐藤は、一九六五年六月一一日から始まった条文最終案作成のための交渉の様子について、次のように述べている。

> 韓国側が終始いっていたことは、日本の案は森に逃げ込んだ犬を殺すために森を全部焼いてしまうという考え方だ、そうではなく犬をひっぱり出して、それを殺せばいいのではないかというようなことをいっていた。この犬論議は随分やった。(中略)
>
> 韓国側の案は夜遅く朝の二時か三時ごろ、つまり一八日朝持ってきた。その韓国案を見ると我が方の犬殺しの考え方が三項に出てきているので、これでできたと思った。[注52]

ここでいう「犬」とは、日韓会談で議論されなかった請求権を主張する個人と考えられる。日本側は日韓請求権協定によって、それらの請求権をすべて主張できなくさせようとした。その具体的措置が同協定第二条第三項に規定された、「他方の締約国の管轄下にあるものに対する措置」についていかなる主張もできないという条文であると、日本側はみなした。一方、韓国側はそれらの請求権を個別的に対処すべきという立場である。日韓両国民の請求権主張を「犬殺し」に見立てたこの論議は、日韓の外務官僚の思想が赤裸々に現れている記述である。

以上述べたとおり、日本政府は経済協力方式によって請求権問題を解決するとともに、韓国側の対日請求権のすべてを「つぶす」ことについて血眼になっていた。日本政府の論理としては、韓国政府が植民地支配当時に原因がある、いかなる請求権も日本側に主張できなくすることを目指した。もっとも、日本政府は日韓請求権協定によって、個人の請求権そのものを消滅させる意図を持っておらず、日韓両国の外交保護権のみを処理したものと見なしている。（註33）これらの基礎には日本の植民地支配を合法とし、その法律に根ざしたものだけを「法的根拠のある請求権」とし、それ以外を正当な請求と認めない思想がある。

戦争犯罪に関する請求権は想定されていなかった

なお、外務省は「日本からの韓国の分離独立に伴って処理の必要が生じたいわゆる戦後処理的性格をもつ日韓両国間の財産及び請求権問題」として、対日請求八項目を理解していた。したがって、「終戦後日本を去ったままの韓国人が日本に残置した財産、権利、利益」が日本側で「最終的に処分される」としても、請求権そのものが戦争や植民地支配に対する賠償ではなく、「日本からの韓国の分離独立に伴って」生じた、言わば民事的または財政的な性格のものであったことに留意すべきだろう。〈註34〉

日韓請求権協定締結後の史料を検討しても、上記のような日本政府の対日請求八項目についての理解がわかる。日本政府公開文書のうち、労働省、大蔵省、厚生省などが同協定に関わる韓国側の個人請求権を消滅させるための手続に関する内部資料群がある。各省庁に関わる請求権は次ページの表のとおりである。これらはいずれも植民地期の法律関係を前提とする財産および請求権である。先の請求権問題についての定義と合わせて、表の内容を見ても、日本軍「慰安婦」問題などの戦争犯罪による被害については想定されていなかったといえるだろう。さらに、原爆被害者に対する救援措置など、日韓国交正常化以後に提起される問題も、当然ながら議論の俎上《そじょう》に載せられなかったことが確認できる。

【表】日本政府各省庁に関わる韓国側の個人請求権消滅対象項目一覧

労働省	⑴法令、就業規則、労働契約などに基づく賃金、退職金、旅費、労災扶助料等で未払いとなっているもの ⑵事業主が保管する韓国人労働者の積立金、貯蓄金、有価証券で返還されていないもの
郵政省	⑴（貯金局管轄）郵便貯金、郵便為替、郵便振替貯金 ⑵（簡易保険局管轄）簡易生命保険、郵便年金
大蔵省	⑴（銀行関係）預貯金、手形法・小切手法上の債務、未払送金為替、掛け金、借入金その他の債務、保護預かり・担保、その他預かり物件 ⑵（保険関係） （ⅰ）（損保）未払保険金、契約の無効・失効・解除などにともなう返戻保険料、再保険取引の収支戻 （ⅱ）（生保）解約払戻金（責任準備金） ⑶（有価証券関係）国債、貯蓄債券、報国債券、福券等、社債・株式 ⑷（閉鎖機関・在外会社関係）供託物、新会社保管分 ⑸税関保管物件 ⑹通貨（日銀券新円） ※このうち、有価証券関係は「検討中」、通貨は「消滅させがたい」とある。
総理府恩給局	恩給
法務省	供託金（国外居住外国人等に対する債券の弁済のためにする供託の特例に関する政令（昭和25年政令22号）に基づく供託金）
文部省	著作権
厚生省援護局	⑴未帰還者留守家族等援護法、未帰還者に関する特別措置法および戦傷病者特別援護法に基づく各援護 ⑵戦傷病者戦没者遺族等援護法による障害年金、遺族年金等の支給 ⑶引揚者給付金等支給法による引揚者給付金および遺族給付金 ⑷戦没者等の妻に対する特別給付金支給法による特別給付金 ⑸戦没者等の遺族に対する特別弔慰金支給法による特別弔慰金 ⑹その他 （ⅰ）軍人および軍属等に対する未払給与 （ⅱ）物品納入代等 （ⅲ）契約解除にともなう補償 （ⅳ）損害賠償 （ⅴ）昭和20年8月16日以後生じた上記2、3、4号の債権

出典：「日韓請求権協定署名に伴う関係法律の整備について」（1965年8月5日付、事務次官等会議申し合わせ〈案〉）から始まる一連の史料群（外務省開示文書、文書番号1226）より著者が作成した。

おわりに

本章は日本政府の交渉姿勢を中心に、請求権交渉の再検討を試みた。本章の議論を整理すると、次の通りである。

第一に、日本政府にとって、請求権交渉は韓国人の対日請求権ばかりでなく、在朝日本人財産の問題をも解決しようとするものであった。いわば、請求権交渉はこの両者の請求権問題を解決するための、連立方程式であった。対日講和条約第四条b項のために、在朝日本人財産に対する日本側の請求権は当初より認められなかった。そのため、日本政府は在朝日本人財産の補償問題をうやむやにする方策を思案した。

また、在朝日本人財産に対する請求権主張で滞った交渉を打開するために、日本政府は韓国人に対する債権を履行することを検討した。しかし、経済協力方式が浮上すると、日本政府は一転して韓国人の請求権の「完封」を目指した。

その二つの目標を達成するために、日本政府は請求権交渉に臨み、韓国側とともに協定文を作成した。その結果、日韓請求権協定は、日韓両国の外交保護権のみを消滅させ、個人の請求権の処理についてはあいまいにしたまま、言わば「生殺し」にする内容となった。

第二に、従来、日韓会談における財産請求権交渉の研究は、主として外交文書を利用してきた。しかしながら、日本側の交渉過程を見ても、大蔵省がたびたび外務省と会合し、同省の意見を交渉に反映させようとしていたことがわかる。韓国側で財政を担当する省庁は経済企画院であり、財務部である。したがって、これらの省庁の立場がわかる文書を精査することが今後の研究を進展させる上で必要である。

そして、第三に、完全かつ最終的に解決された「請求権」の内容について、改めて整理したい。日本側の意図は韓国側の請求権の「完封」であり、交渉の結果、韓国側が日本側の考えを汲んだ協定文案を提示した。このことをもって、韓国側は日本側の「犬殺しの考え方」をある程度受け入れたと見なすこともできる。ただし、韓国側が想定した請求権問題の解決は、「犬をひっぱり出して、それを殺す」、すなわち国交正常化以後に現れた請求に対して、それぞれ対処すべきということである。

完全かつ最終的に解決された「請求権」について、ほんとうに日韓間で合意したのか。「犬論議」は現在まで継続しているのではないか。日韓の外務官僚が「犬」に例えた植民地支配／戦争被害者たちが今日まで粘り強く自らの被害を訴え続けた結果、ようやく日韓請求権協定の壁が突き崩されようとしている現在、もう一度史料を精査し、日韓請求権協定を見直す必要があるだろう。

【註】

〈1〉太田修『日韓交渉――請求権問題の研究』クレイン、二〇〇三年。吉澤文寿『戦後日韓関係――国交正常化交渉をめぐって』クレイン、二〇〇五年。張博珍前掲書。

〈2〉山田昭次「日韓条約の今日の問題点」(『世界』第五六七号、一九九二年四月、五六頁)。

〈3〉この点については金恩貞「日韓国交正常化交渉における日本政府の政策論理の原点：『対韓請求権論理』の形成を中心に」(『国際政治研究の先端10』(季刊国際政治第一七二号、二〇一三年二月)が最新の研究である。

〈4〉「割譲地域にある譲渡国の財産、権利、利益の取扱について」一九四八年五月二日付、条約局条約課、日／一五六〇、六頁。

〈5〉韓国政府の要請に応じて、一九五二年四月二九日付で米国務省が対日講和条約第四条b項の解釈を示した覚書を指す。その骨子は(1)同条項により日本は米軍政下の南朝鮮に残された資産およびその利益に対する有効な請求権を主張できない、(2)しかしながら日本が有効と認めた資産の処理は講和条約第四条a項による取り決め、すなわち日韓請求権協定の処理を考慮する場合に関連する、というものである(「日韓請求権問題解決に関し平和条約第四条の解釈に対する米国の考え方に関する声明案」、日／一三五二、一頁)。

〈6〉「懸案対日請求権の経緯及び解決方針に関する参考資料」一九五九年一月三一日付、アジア局総務参事官室、日／一六〇〇、七一頁。

〈7〉「日韓関係擬問擬答」一九五八年二月一八日付、アジア局、日／一三二四、一四頁。

〈8〉道場親信「「戦後開拓」再考――「引揚げ」以後の「非／国民」たち」(『歴史学研究』第八四六号、二〇〇八年一〇月)。

〈9〉「日韓国交調整処理方針」一九五二年一一月一一日付、アジア局第二課、日／一〇四三、一頁。

〈10〉「日本国と大韓民国との間の財産及び請求権処理に関する特別取極(案)」一九五三年三月二五

日付、日／一〇四九、一一―一二頁。

〈11〉「高裁案　日韓交渉処理方針に関する件」一九五三年一〇月一七日決裁、アジア局第二課長、日／一〇六一、八頁。さらに、外務省は韓国関係文化財の贈与を検討していた。

〈12〉「在韓日本財産の放棄と久保田発言の撤回について―日韓会談再開の二条件の問題点―」一九五五年七月二〇日付、アジア局、日／一二五九、一二頁。

〈13〉アジア局作成文書（「関係省打合資料」と端書きされている）。一九五七年三月一八日付、日／一五一八、七〜八頁。

〈14〉「財産権問題に関する基本方針案」一九五八年三月三一日付、日／一五九八、五頁。

〈15〉「請求権問題に関する大蔵省との打合会」一九六一年二月七日付、北東アジア課、日／一三五〇、一三〜一四頁。

〈16〉「第五次日韓全面会談予備会談の一般請求権小委員会の第一三回会合」一九六一年五月一〇日付、北東アジア課、日／九五、二八頁。

〈17〉李鍾元「日韓会談の政治決着と米国　『大平・金メモ』への道のり」（李鍾元・木宮正史・浅野豊美編著『歴史としての日韓国交正常化Ⅰ　東アジア冷戦編』法政大学出版局、二〇一一年）。

〈18〉「日韓請求権解決方策について」一九六一年九月一四日付、日／一三六〇、三頁。なお、このほかに請求権および無償協力で三億ドルとする案も検討された。

〈19〉吉澤前掲書、一二八〜一三一頁。

〈20〉「日韓政治折衝に臨む日本側の基本方針」一九六二年三月七日付、日／七一八、四〜八頁。

〈21〉「第一七八回外交政策企画委員会記録」一九六一年一一月一五日付、官房総務課外務参事官、日／一三六八、九〜一一頁。

〈22〉「要綱六に対する方針案（未定稿）」一九六二年三月八日付、条約局法規課、日／七一八、一六〜

二二頁。なお、例外的に時効を認める項目として、「(イ) 閉鎖機関、在外会社の在日財産清算に伴う在鮮韓国人株主（本来の株主に限る）に対する残余財産分配分の請求権（ロ）生命保険準備金に対する在鮮韓国人の請求権（ハ）無記名有価証券類（社債株式を含む）に対する在鮮韓国人の請求権（現物呈示を条件とする）」を挙げている。

〈23〉「日韓船舶問題解決方策に関する問題点（討議用資料）」一九六二年一二月一五日付、北東アジア課、日／六三八、四〜五頁。

〈24〉同前、六頁。

〈25〉「日韓国交正常化交渉の記録（請求権・法的地位・漁船問題合意事項イニシアル）」日／一一二八、二〇〇頁。

〈26〉同前、二二三頁。

〈27〉同前、二二四〜二二五頁。

〈28〉同前、二二六頁。

〈29〉同前、二四〇〜二四一頁。

〈30〉同前、二三〇頁。

〈31〉「日韓国交正常化交渉の記録　総説一三」日／一三一六、一七四〜一七五頁。

〈32〉同前、一八八〜一八九頁。

〈33〉この点については、吉澤文寿「日韓請求権協定と戦後補償問題の現在　第二条条文化過程の検証を通して」（『体制移行期の人権回復と正義〔平和研究第三八号〕』早稲田大学出版部、二〇一二年）を参照されたい。

〈34〉「財産及び請求権問題解決条項（第二条）について」一九六五年六月一八日付、同前、第一分冊七二〜七三頁。

Ⅳ 在日朝鮮人の「消去」を目指して

――「在日韓国人」法的地位

本章では、日韓会談における「在日韓国人」法的地位委員会（以下、法的地位委員会、なおこの呼称は時期によって多少の変化がある）における議論を通して表れる日韓双方の主張を検討することにより、「在日韓国人」法的地位協定における「協定永住」の意味を明らかにする。そして、「協定永住」の思想がもつ現在的意味を考察し、今後の展望を示すことを目的とする。

日韓会談における在日朝鮮人論議はもっぱら法的地位委員会で行なわれた。その議題は国籍、在留許可（永住許可および退去強制）、処遇などであった。本章では「協定永住」とともに、それを否定する退去強制が規定された経緯を検討したい。さらに、「協定永住」をめぐる議論において、国籍の問題も重要であった。それは韓国籍／朝鮮籍という南北分断に関するものばかりでなく、日本への帰化をめぐる問題も含まれる。したがって、本章では国籍論議も視野に入れて考察したい。

法的地位交渉の時期区分は第Ⅰ章で示したものと同様である。すなわち、対日講和条約発効までに妥結を目指した第一期（一九五二年四月の第一次会談終了まで）、講和条約発効後に会談の目的が漂流するとともに、日韓両政府が在日朝鮮人の退去強制問題、平和線（李承晩ライン）による日本人漁夫抑留問題、在日朝鮮人帰国問題などの諸懸案への対応に終始した第二期（第二～四次会談、一九五三年四月～一九六〇年四月）、そして韓国の経済開発という大きな目標に向けて会談が妥結へと向かう第三期（第五～七次会談、一九六〇年一〇月～一九六五年六月）である。以下、この時期区分に沿って、交渉過程を整理したい。

1　対日講和条約発効までの交渉――予備交渉～第一次会談

日本政府による「回復プラス帰化〈註1〉」方針

一九五一年八月六日付の法務府民事局資料によると、大きく言って、(一)「朝鮮人は、日本国在住者をも含めて、条約の効力発生とともに日本国籍を喪失する」、(二)「条約の効力発生後は、朝鮮人の日本国籍取得はもっぱら国籍法中帰化の規定によるものとする」とされた〈註2〉。対日講和条約発効にともなう在日朝鮮人の日本国籍剥奪の根拠は韓国併合以来、日本「内地」と朝鮮が戸籍法規を異にしていたことにあった（筆者注＝植民地期の朝鮮人は日本国籍保持者とされつつ、その戸籍は一九二三年に定められた朝鮮戸籍令に基づく戸籍制度によって管理された。大日本帝国は内地と外地の身分管理を戸籍制度によって行なった）。すなわち、日本政府は植民地支配の差別原理をそのまま在日朝鮮人政策に適用しようとしたのである。

日本政府は対日講和条約研究作業の当初において在日朝鮮人に国籍選択権を付与し、日本国籍を選択しなかった者を朝鮮に送還する「選択権プラス送還権」案を検討していた。しかし、「(1)国籍問題についてGHQや連合国の関与がなく、日本政府に完全なフリーハンドが与えられたこと、②連合国の措置によって在朝日本人はすべて引揚げたとの判断から、日本が一方的に朝鮮との国籍問題を処理しても、朝鮮にいる日本人への影響（及び日本での反響）は無視しうることになったこと〈註3〉」により、最終的に日本政府は対日講和条約発効による日本国籍の剥奪という方針を確定させた。この方針は日韓会談開始直前に外務省出入国管理庁が作成した「国内朝鮮人の法的地位に関する対韓接衝方針案」にも踏襲された。ただし、同案では在日朝鮮人の国籍が「韓国」国籍として回復することが想定されていたようである。〈註4〉これがいわゆる「回復プラス帰化」方針である。

ところで、先述の法務府民事局資料において、出入国管理庁は在日朝鮮人に「既得権として」永住を認めざるを得ないとしながらも、次のような意見を付した。

在留資格を変更して、永住を希望する「朝鮮人」に対しては、出入国管理令の規定通り、そのものの素行が善良であること独立の生計を営むに足りる資産又は技能があることかつその者の永住が日本国の利益に合すると認めたときに限り、これを許可すればよい。〈註5〉

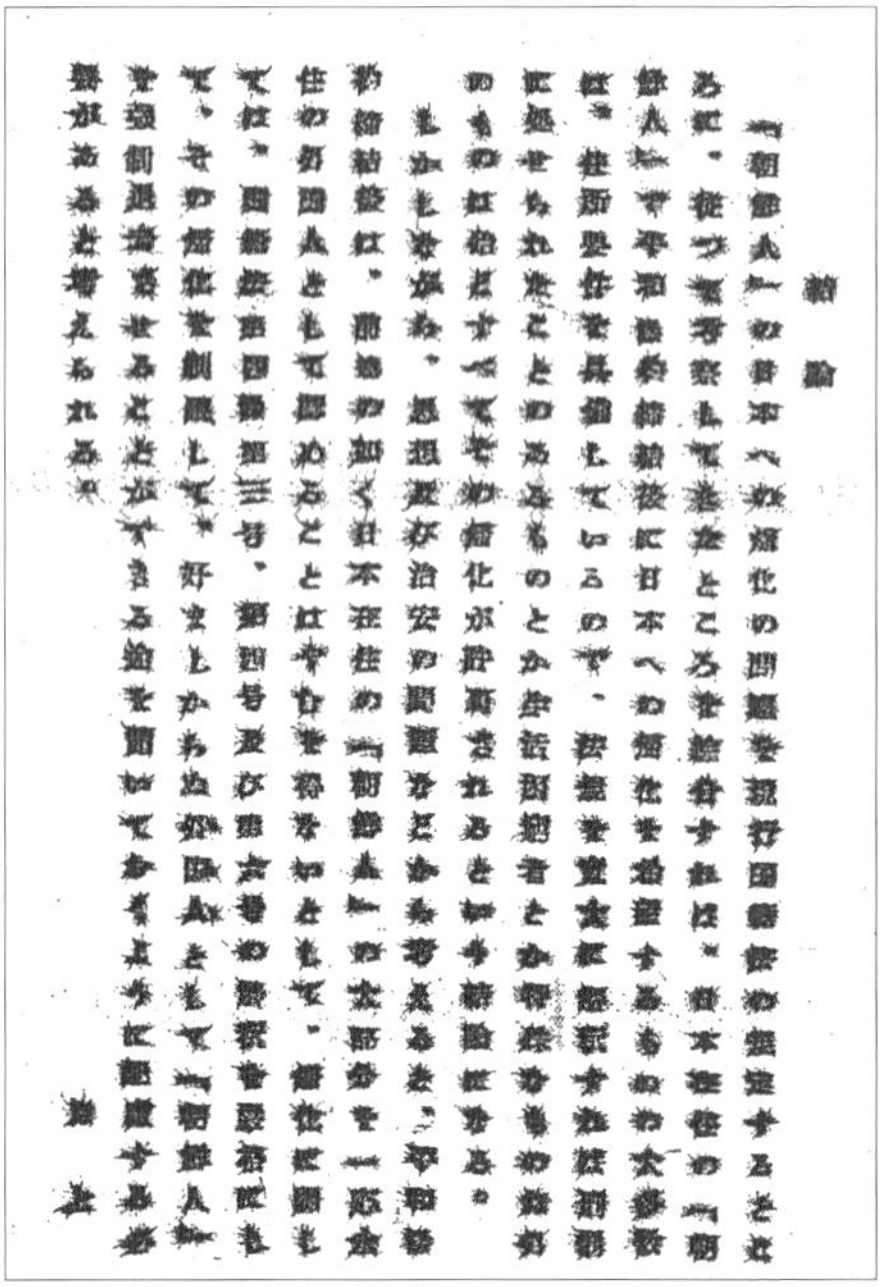

「平和条約締結後における国内『朝鮮人』の地位に関する若干の考察」（管理局総務課、日 548/15 頁）註６の資料である。

このように述べた上で、出入国管理庁は帰化申請者を選別することで、「好ましからぬ外国人として『朝鮮人』を退去強制させることができる道を開いておくように配慮する必要がある」と結論づけたのである(註6)。

つまり、日本政府は対日講和条約発効に伴い、在日朝鮮人の日本国籍を剥奪して名実ともに外国人として管理するとともに、「日本国の利益に合する」朝鮮人の帰化を奨励し、それ以外の朝鮮人を「好ましからぬ外国人」として退去強制させることによって日本における「在日朝鮮人問題」の解決を図ろうとした。日本政府にとって、このような同化と排除を併用する日本の植民地主義に基づく在日朝鮮人管理体制の完成を目指したのが日韓会談にほかならなかった。

一方、韓国政府は制憲国会において父系血統主義的な国籍法を制定した。〈註7〉しかし、大韓民国駐日代表部は、在日朝鮮人の韓国国籍を早急に確定させることを訴えた。〈註8〉とくに駐日代表部は日本で活動する「一部悪質な共産系列人物」の退去強制を連合国総司令部（GHQ／SCAP）外交局のシーボルト大使に要請したところ、新たに制定される出入国管理令（一九五一年一〇月四日制定）が一九四五年九月二日以後に来日した「善良な韓国人」にも適用されるおそれがあることがわかり、韓国政府に対策を求めていた。〈註9〉

これを受けて、韓国政府外務部は法務部と協議した上で、GHQ／SCAPと交渉し、「在日同胞はすべて大韓民国の国籍を持っていること」を確認させるように、駐日代表部に返答した。〈註10〉しかし、駐日代表部の要請に対し、連合国総司令部は在日朝鮮人の法的地位問題を日韓間の交渉で解決するようにと回答した。

この駐日代表部の動きの背景には中国、ベトナム、朝鮮を中心とする東アジアにおける共産主義運動の高揚があった。とくに日本では、一九五〇年六月に朝鮮戦争が勃発した直後に、日本共産党の民族対策部が全国各地に祖国防衛委員会を組織し、翌五一年一月に在日本朝鮮人連盟（朝連）の後継組織として在日朝鮮統一民主戦線（民戦）が結成されるとともに、同年二月の日本共産党第四回全国協議会（四全協）で「軍事方針」が正式に決定された。このような動きが駐日代表部に脅威を与えたのである。〈註11〉

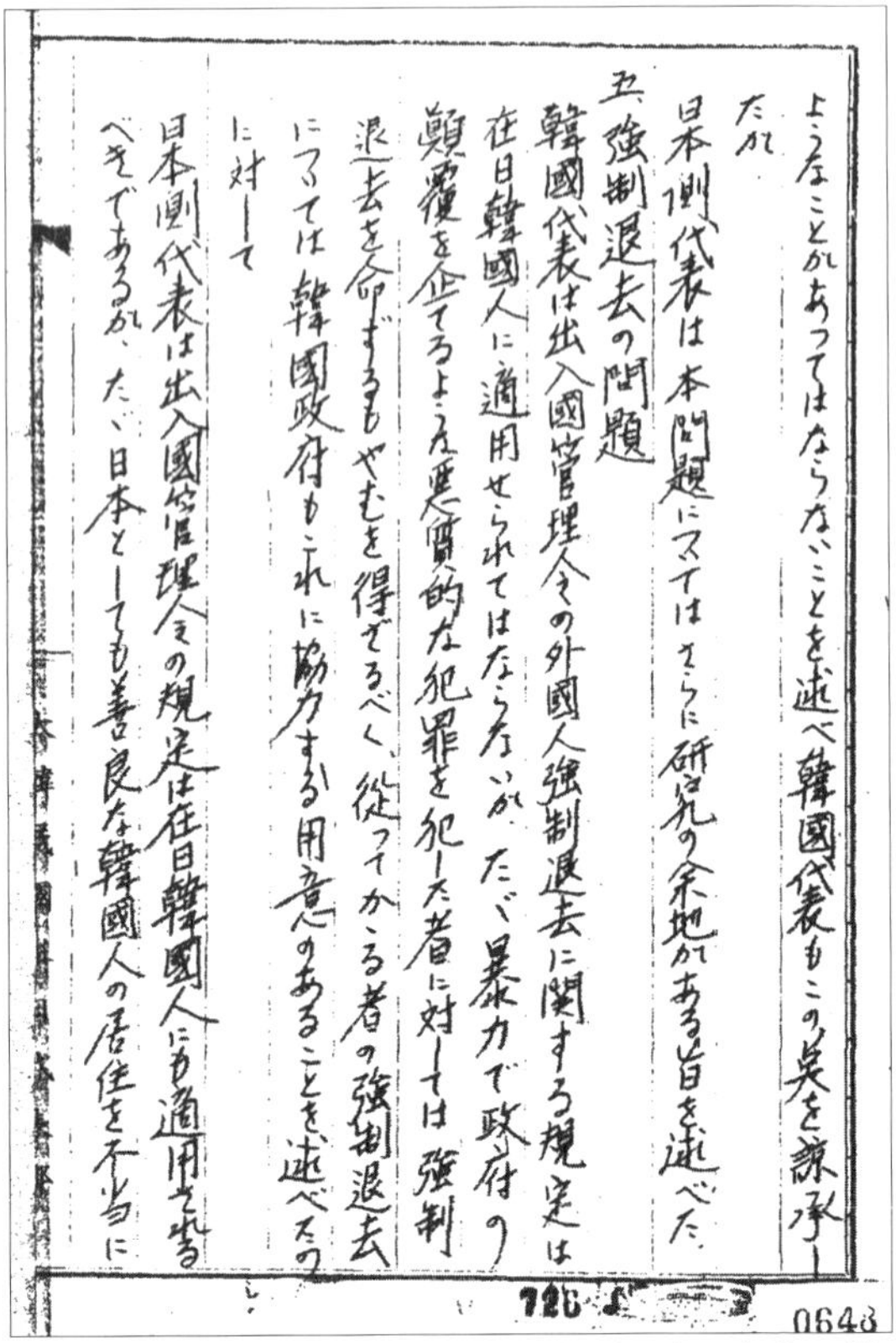
ようなことがあってはならないことを述べ韓國代表もこの点を諒承し
たが
日本側代表は本問題にあってはさらに研究の余地がある旨を述べた
五、強制退去の問題
韓國代表は出入國管理令の外國人強制退去に関する規定は
在日韓國人に適用せられてはならないが、たゞ暴力で政府の
顛覆を企てるような悪質的な犯罪を犯した者に対しては強制
退去を命ずるもやむを得ざるべく、従ってかゝる者の強制退去
にあっては韓國政府もこれに協力する用意のあることを述べたの
に対して
日本側代表は出入國管理令の規定は在日韓國人にも適用さるる
べきであるが、たゞ日本としても善良な韓國人の居住を不当に
0643

「在日韓国人の法的地位に関する小委員会の経過報告」（韓81/27頁）註12の資料である。

第一期の法的地位交渉では、日本側が原則として出入国管理令を在日朝鮮人に適用しようとしたのに対し、韓国側が在日朝鮮人の歴史的経緯をふまえて内国民待遇を要求するなどの意見対立があった（筆者注＝自国の領域内で、自国民に与える待遇と同様の待遇を他国の国民にも与えることを内国民待遇といい、このような待遇を規定する条約の規定を内国民待遇条項という。本論文では、在日朝鮮人を日本国民同様に待遇することである）。しかし、この時点で在日朝鮮人を韓国国籍保持者と見なすことやその永住を認める点においては日韓双方の意見が一致していた。

　このときの退去強制についての議論を整理すると、出入国管理令を在日朝鮮人に適用することを原則とする日本側に対して、韓国側は「外国人強制退去に関する規定は在日韓国人に適用させられてはならない」としながらも、「暴力で政府の顛覆を企てるような悪質的な犯罪を犯した者」の退去強制はやむを得ないとし、これに協力すると述べた。〈註12〉

こうして、日韓会談では在日朝鮮人の永住許可とともに、日本政府（および韓国政府）が選別した者に対してその永住許可を否定する退去強制を適用することで合意が成立した。〈註13〉

一九五二年四月一日に開かれた第一次会談最後の法的地位分科委員会では在日朝鮮人の法的地位について協定文案が検討された。そのうち、退去強制問題については「永住許可を受けた在日韓人の日本国からの退去の強制に関しては、この協定の効力発生から三年間（日本主張）五年間（韓国主張）、大韓民国政府及び日本国政府の当該機関がその実施のために必要な事項に関して協議して行う〈註14〉」こととされた。具体的には出入国管理令第二四条第一項第四号に掲げられた退去強制対象の条件（資料編二三七ページ参照）のうち、ハ、ニ、ホ、ヘ、ト、チ、リ、ヌ、ル、ワ、カに該当する者について、日本政府が退去強制する場合には韓国政府と協議または同政府に連絡することが検討されていた。〈註15〉

2　対日講和条約発効からの一九五〇年代の交渉
――第二～四次会談

第二～三次会談における議論

日韓会談が妥結できないまま対日講和条約が発効するのに伴い、日本政府は韓国政府と合意した内容に沿って、在日朝鮮人の日本国籍を剥奪するとともに、在日朝鮮人を外国人管理体制の下に置いた。その後、日本政府は在日朝鮮人に対する取締を強化し、退去強制対象者を大村収容所に送致した。しかし、韓国政府は在日朝鮮人の法的地位が未確定であることを理由に、対日講和条約発効以後の日本への「不法入国者」とともに大村収容所収容者の引き取りを拒否した。このような経緯があり、一九五三年に行われた第二次および第三次会談の法的地位委員会ではもっぱら退去強制問題が議論されることになった〈註16〉。

この時期の退去強制論議は、退去強制の自主性を主張する日本側と、事前協議や退去強制事由の協定への明記などを主張する韓国側が対立した。すなわち、国際慣例を盾に、できる限り入管令に則った退去強制を実現したい日本側の主張に対し、韓国側は、永住許可を有名無実化する退去強制を極力避けるために、その条件を絞るよう交渉した。この韓国側の姿勢について、韓国側代表の林松本《イムソンボン》殖産銀行頭取は「退去強制が在日韓人の重要関心事であるから、会談中あるいは協定成立直後に送還を実施すると、韓国政府としても極めて苦しい立場」に立つと説明している〈註17〉。

一九五三年六月一九日の会合で、日本側は事前協議については「事務連絡程度のものを考えている」と述べた。これに対し、韓国側は①協議不要な者（一年以上の刑を受けた者）、②貧困者（退去強制する場合は協議が必要）、③その中間にある者（一年以下の刑、司法処分が終わっていない者、「暴力革命分子」）という三つのカテゴリーを示した。また、日本側は退去強制を協定ではなく、非公表の交換公文や合意議事録に明記するという案を示した。これに対し、韓国側は「韓国側に都合のよい内容のものであれば発表しない手紙によってもよいが、韓国側に悪いものならば協定に明記しておかねばならぬ」と述べた〈註18〉。

ところで上記の問題に関連して、以下の三点が指摘できる。第一に、貧困者の退去強制については第二次会談以降、極力控える方向で議論が進行した。当時の日本側資料によると、「癩患者」「精神障害者」「貧困者」「放浪者」「身体障害者」については原則として退去を強制せず、仮に退去強制させる場合は韓国政府と事前協議するとある。ただし、この「要綱」には在日朝鮮人の自発的帰国の助長という項目も盛り込まれている〈註19〉。

第二に、在日朝鮮人の国籍をめぐる問題である。先述の一九五二年四月一日の協定案第二条には、「大韓民国は、在日韓人が大韓民国国民であることを確認する」と明記されていた。しかし、第二次会談以降、日本側はこの条文について「交換公文か合意議事録で足りる」と主張するようになった。韓国側から日本の立場変更が指摘された。〈註20〉また、韓国側は在日朝鮮人を効果的に把握するために、永住許可の際に韓国政府の登録証明書が必要であると主張した。一方、日本側は能率的に在留資格を確定したいので不要であると応じた。

第三に、永住許可の範囲について、日本側は未成年や「前科を有するもの」には年限付き在留許可のみを与えると主張した。韓国側は退去強制者を協議の上引き取ることを条件に、一律かつ自動的に永住許可を出すべきだと述べた。〈註21〉

第四次会談における議論

第三次会談が「久保田発言」（一一七ページ参照）によって決裂に至ると、韓国政府は李承晩ライン海域に進入した日本漁船の拿捕を強化し、大村に収容された在日朝鮮人を日本国内に釈放するように圧力をかけた。この問題は一九五七年一二月三一日の日韓共同宣言で抑留者相互釈放について合意したことにより、一応の解決を見た。

　その一方で、日本政府は国内にいる多数の在日朝鮮人生活保護受給者問題を解決すべく、朝鮮民主主義人民共和国に接近する。日本政府は在日朝鮮人貧困者を追放するために日朝赤十字による交渉を通じて、この問題の「解決」を図ろうとした。〈註22〉その帰結が一九五九年一二月より実施される在日朝鮮人帰国事業であった（筆者注＝一九五八年九月八日、朝鮮民主主義人民共和国の金日成《キムイルソン》首相が「在日同胞が祖国に帰り、新しい生活を営むよう、すべての条件を準備するであろう」と受け入れを表明した後、在日本朝鮮人総連合会を中心に帰国運動が展開された。日本側でも在日朝鮮人帰国協力会〈一九五八年八月〉がこれを支援し、一九五九年二月一三日に日本政府は「居住地選択の自由という国際通念」を掲げ、帰国事業推進を閣議決定した。一九八四年までに九万三三四〇人〈家族として同伴した日本人六七三〇人を含む〉が帰還した）。その意味で、日本政府は帰国事業を最大限支援することにより、在日朝鮮人の「人道的」退去を実現させた。

　この問題は日韓関係にも大きな影響を与えた。韓国政府は日本政府が大村収容所の朝鮮民主主義人民共和国への「帰国」希望者を仮釈放したことに始まり、帰国事業を閣議了解したことに対して強く抗議した。それとともに、一九五九年九月一一日の法的地位委員会で韓国側代表の兪鎮午《ユジノ》高麗大学総長から「在日韓人の韓国への集団帰国」が提案された。その条件として、韓国側は「日本政府が帰国に必要な便宜と、韓国における定着に必要な補償金を支払う措置を講ずる」ことを求めた。〈註23〉しかし、議論が何ら進展しないまま、韓国四月革命（一一九ページ参照）による日韓会談の中断を迎えることになり、この提案は実現しなかった。

なお、兪鎮午代表は、帰国者が貧しいので、「彼らが日本に居住することになった歴史的背景を考えれば」、日本政府が補償金を支出するのは当然であると述べた。〈註24〉また、一九五九年一〇月二〇日の法的地位委員会で兪鎮午代表は、在日朝鮮人が単なる外国人、すなわち移民とか通商上の目的のために日本に居住したものではないと述べた。

これに対し、日本側代表の勝野康助法務省入国管理局長は在日朝鮮人が自由意志で来日し、自由意志で日本に在留したという見解を示した。〈註25〉同年七月一一日に外務省情報文化局は当時の在日朝鮮人中、「戦時中に徴用労務者としてきた者は二四五人にすぎない」とし、「現在日本に居住している者は（中略）みな自分の自由意志によって日本に留つた者又は日本生まれの者である」と結論づけるずさんな調査結果を発表した。〈註26〉これには、法的地位交渉で在日朝鮮人の歴史的背景が上記のように議論されていたこともあるだろう。

これらの問題の他に、第四次会談では退去強制問題および在日朝鮮人二世以降の法的地位問題などが討議された。一九五八年六月二日の法的地位委員会で、日本側から「（イ）在日韓人の特殊な事情を考慮する対象は、戦前から引き続き日本に居住している韓人に限りたいこと、（ロ）強制送還の問題については、在日韓人がそういう特殊な事情にあることを考慮に入れること、（ハ）強制送還がスムースに行なわれることを前提として戦前から永く日本に居住していたとい

う特殊事情を基礎として彼らに不安、動揺を与えないこと」という「三つの基本原則」が示された。〈註27〉

これについて、六月九日の第四回会合で、勝野が説明したが、日本側の基本的な立場は第二〜三次会談と変化がない。とくに、戦後日本で生まれた在日朝鮮人の子孫については、「申請をまつて三年を期限とする在留資格を与えている」と述べるに止まった。〈註28〉

一方、韓国側は一〇月二〇日の第九回会合で英文の協定案を手交した。この協定案のうち、とくに問題となったのが、前文および第二条の日韓両国が「在日朝鮮人の韓国国籍を確認する」という文言と、第一条の永住許可の範囲として在日朝鮮人の子孫を含むという条文であった。〈註29〉日本側は前者について、国籍確認をする必要はないとし、後者については子孫（descendants）部分の削除を求めた。〈註30〉

以上のように、この時期の日韓会談は、在日朝鮮人をめぐる具体的な事例が噴出したために、第一次会談における日韓合意の内容が再検討されることになった。この時期の日韓双方にある思想について簡潔に述べると、日本側は講和条約発効により日本国籍を失った者への扱いを等しくしたいという入管行政の思想に加え、帰国運動のように、韓国ばかりでなく、朝鮮民主主義人民共和国に朝鮮人を送るという事例を想定しなければならなかった。そのため、永住許可の範囲をできる限り絞る一方で、在日朝鮮人の国籍については日本国籍を喪失したことを確認するのみで充分であると主張した。

韓国側は帰国運動を阻止しようとするとともに、日韓会談が長引くにつれて、在日朝鮮人二世の問題を考慮せざるを得ず、「子々孫々」にわたる永住許可を要求することになった。韓国側としては、日韓協定による「協定永住」申請者を増やすために、当時の入管法による退去強制が適用されないことが望ましく、退去強制を制度化してしまうことを避けねばならなかった。

つまり、この時期に現れた日韓双方の議論の背景には朝鮮民主主義人民共和国の存在がある。日本政府は在日朝鮮人の「人道的」送還先として、韓国政府は朝鮮における唯一合法性を主張するために、日韓協定の実現を追求したのであった。

3　一九六〇年代の交渉――第五〜七次会談

第五次会談における議論

第五次会談が始まる一九六〇年一〇月においても帰国船が新潟港を出発していたが、韓国政府は法的地位委員会において直接的な対応を取ることなく、むしろ「協定永住」の内容をめぐる討議に集中した。委員会では、第四次会談から焦点となった永住許可の範囲が議論の焦点となった。日本側は永住許可の範囲を対日講和条約発効の日までに生まれた者とし、その子孫については親からみだりに引き離さないように国内法を運用し、二〇歳になった段階で入管令に定められた永住許可申請を受け付けるという、ほぼ従来通りの見解を示した。〈註31〉これに対し、韓国側は「在日韓国人の子々孫々まで永住許可を付与してほしいと述べている点に関しては、日本側も原則的に同意しているものと理解している。ただ問題は、技術的にこれをいかに表現するかということであ

る」と述べ、妥結点を追求した。〈註32〉

この点について、日韓双方の内部文書を検討すると、自らの主張が受け入れられない場合の代案として、協定発効までに日本で居住する在日朝鮮人への永住許可が双方の案に含まれていた。むしろ、日韓の見解が異なるのは、協定発効後に出生した者への永住許可についてであった。〈註33〉

ところで、これに関連して、一九六一年三月二日の法的地位委員会で在日朝鮮人の帰化について話し合われた。このときの討議を見ると、日韓双方は在日朝鮮人がやがて日本に帰化することになるという見通しをもっていたといえるだろう。〈註34〉

次に、韓国側は、永住許可申請時に韓国政府発給の登録証明書が必要であると主張し続けた。これに対し、日本政府は内部で検討を進めた結果、それまでの方針を転換して、登録証明書の添付を永住許可の要件とすることを確認した。〈註35〉日本側は、協定による韓国国籍確認には応じなかったが、在日朝鮮人を管理する上で、それぞれが支持する政府が明確になることを重視したのである。〈註36〉

ところが、一九六一年二月二日の非公式会合で、韓国側代表の李天祥《イチョンサン》弁護士は当該書類について、「在外国民登録法〈註37〉による登録をしていない在日韓国人」でも申請可能とするため、「登録申請書」という用語を使わないと説明した。言い換えると、その用語を使うことにより「在日韓国人中の中間分子が入らなくなるおそれがある」というのが韓国側の論理であった。すなわち、

「韓国側として、赤い連中にまで特典を与えるべきだと思っていないが、灰色なものまではこのチャネルを通じて申請がしやすいようにしておきたい」ということであった。〔註38〕韓国側は、日本側との交渉過程で、できる限り韓国籍保持者としての協定永住者を増やすために、このような主張をしたのである。

最後に、退去強制問題については「日韓関係を著しく害する者」あるいは「政府転覆などを企てた者」を対象とすることについては日韓間に異論がなく、むしろ協定などにどのように示すかという技術的な問題に移行した。この点について、公式および非公式会合では具体的な会議録が見つからない。韓国側では「暴力などの方法により日本政府を転覆させようとする犯罪行為をした者」への退去強制について韓国政府と協議するという案を検討していた。〔註39〕一方、日本側では、入国管理局が「韓国人永住者の退去強制」の事由として、以下の四項目を示していた。これらは刑期および犯罪回数などを除くと、「在日韓国人」法的地位協定に定められた退去強制事由とはぼ一致する。

(イ)　暴力的破壊行為を行なった者（入管令第二四条第一項第四号「オ〔ヲ〕、ワ、カ」該当の者）

(ロ)　日本国の利益又は公安を害する行為を行なった者（同第四号「ヨ」該当の者）

(ハ)　麻薬などの取締法令に違反して有罪となった者（同第四号「チ」該当の者）

(二) 無期又は一年を超える懲役若しくは禁こに処せられ、執行猶予の言渡しを受けなかった者(同第四号「リ」該当の者)〈註40〉

第六次会談における議論

一九六一年一二月一九日の法的地位委員会で、韓国側は永住許可の範囲について、①本協定発効時から相当な期間に出生した子孫も、本協定発効以前に出生した子孫と同一に永住権が付与されなければならない、②本協定から相当な期間以後に出生する子孫についても「協定永住」権が付与されるべきだが、この件については再協議するという案を示した。〈註41〉

日本側は韓国との交渉ではこれに応じなかったが、一九六二年九月一七日付で入国管理局が作成した文書には、永住許可の範囲を①対日講和条約発効時までに生まれた子孫としつつ、②「退去強制事由について韓国側が譲歩した場合は本協定成立時まで出生の子孫を拡げる。(これを以てファイナルとする)」という案を検討していた。〈註42〉日本側は退去強制適用事由と永住許可の範囲をバーターにかけ、永住許可の範囲を広げると同時に、協定に定める退去強制事由をなるべく拡大しようとしていたのである。

その後の議論を経て、合意内容は協定永住の範囲が協定発効五年後まで拡大した。だが、協定永住者の子については、成人するまでの永住許可で合意したものの、その成人後の永住許可の内容をめぐって議論が継続した。〈註43〉

退去強制事由については専門家会議が一九六一年一二月から翌年三月の日韓外相会談直前まで、四次にわたって開かれた。その会合では、前述の入国管理局の四項目案をベースとし、韓国側が妥結点を探るかたちで、退去強制事由の文言表現について議論された。〈註44〉

ところで、在日朝鮮人が韓国国籍保持者であることを確認する趣旨の条文については、依然として日韓間の意見調整が進まなかった。しかしながら、このとき第五次会談に引き続き、在日朝鮮人の帰化について議論されたことは注目される。例えば、一九六一年一一月一五日の非公式会合で、韓国側の李天祥弁護士が「表向きにはいえないが」としつつ、生活困窮者について「こういう者も帰化させてしまった方がよいのではないか」と述べると、日本側の星智孝法務省民事局第五課長は「独立生計の条件は帰化許可にあたって、運営上非常に緩和しているが、生活保護をうけている者を認めるまでには割り切っていない」と述べた。〈註45〉また、一九六二年四月二日の会合で日本側が在日朝鮮人の二、三世は結局日本人化するとの前提で、永住許可に適当な限界を置いて、「容易に日本人化できる素地を整えるべきである」と述べると、韓国側は在日朝鮮人二、三世が「日本に帰化する公算が大きいので、彼らに永住権を与えることに、日本側が神経を使う必要はない」と述べた。〈註46〉このような議論の末、一九六二年六月一九日の会合において、協定永住者の子の帰化については条件を極力緩和することが合意内容として確認された〈註47〉。

では、これらの議論の背景について、日本政府の内部文書を検討することで考えてみたい。まず、外務省北東アジア課では、在日朝鮮人が「いつまでも外国人として在留し、しかも、その数が増大していくとすれば、わが国における一種の少数民族問題に発展すべく、これは国家的重大問題であり、将来にきわめて大きな禍根を残すおそれあるものと言わざるを得ない」と認識する。そして、「日韓間の協定により在日韓国人に永住許可を付与するとしても、それは、将来彼らが日本に同化するまでの過程における、いわば暫定措置である」とする。そして、外務省の方針として、永住許可とともに、本協定締結と同時に、全くの国内的措置として、在日朝鮮人中帰化を希望する者に対しては、「特に悪質な者を除いては」「帰化を許可しうるよう、特別立法等の措置を講ずる」ことを検討していた〈註48〉。

また、外務省北東アジア課の別の文書では、「多数の在日朝鮮人がいつまでも外国人としてわが国に在留することは、わが国にとって極めて重大な問題である。よって、将来に大きな禍根を残さないよう、彼らを日本人に同化していかなければならないという点については異論のないところである」と断言する。その上で、現在の帰化政策が「すでに日本人化した者」のみに帰化を許可しているにすぎないと批判する。また、朝鮮人の帰化を快く思わない「一部の者」の「人種的偏見」にも言及し、日本社会における朝鮮人差別が彼らの帰化条件を難しくしているという悪

循環を断たねばならないと力説する。〈註49〉

一方、法務省入国管理局においても協定永住許可と関連して、協定永住を申請しない在日朝鮮人について議論していた。入国管理局は対日講和条約発効によって日本国籍を失ったという「朝鮮人の特殊な地位」に南も北も差がないので、「日韓協定に基づく処遇を受ける者と余り差別ある待遇をすることは、理論的根拠も弱い上、国内紛争の原因となりかねない」として、入管令による永住在留資格を付与することを考えているとする。〈註50〉ただし、その補足説明資料には、「北鮮系在日朝鮮人は、事々に日本政府の政策を誹謗干渉し、いわば好ましからざる外国人であり、将来同化の可能性も極めて疑わしく、国内治安の癌となるおそれさえある」と述べる。

その上で、南北朝鮮の政治的傾向を考慮する意味で、「協定永住者の処遇と並行しつつ『実質的に』差別待遇とならない方向で検討すると言っておくのがもっとも賢明である」とする。例えば、退去強制についてはその送還先について規定した入管令第五三条一項の運用で十分まかないうるとしている〈註51〉（筆者注＝入管令〈現「出入国管理及び難民認定法」〉第五三条一項には「退去強制を受ける者は、その者の国籍又は市民権の属する国に送還されるものとする」とあり、同条二項には「前項の国に送還することができないときは、本人の希望により、左に掲げる国のいずれかに送還されるものとする」として、「一　本邦に入国する直前に居住していた国、二　本邦に入国する前に居住していたことのある国、三　本邦に向けて船舶等に乗った港の属する国、四　出生地の属する国、五　出生時にその出生地の属していた国、六　その他の国」が示されている)。

なお、韓国政府公開文書では、内部の議論がここまで明らかにされていない。だが、一九六三年三月二五日に駐日代表部が外務部に請訓した文書では、成年に達した協定永住者の子の選択肢として帰化が想定されており、それらの無条件の帰化を許可するように、日本側と交渉する方針が示されていた〈註52〉。先の議事録の内容と合わせてみると、韓国側もまた、在日朝鮮人が代を重ねるごとに日本に帰化する公算が大きいと考えており、帰化の問題が関心事であった。そして、韓国側はこの問題について、もっぱら生活保護受給者などに対する帰化条件の緩和を日本側に求めたのである。

以上、検討したとおり、日本政府においては「協定永住」の対象をすべての在日朝鮮人とし、さらに申請しなかった在日朝鮮人にも永住許可を行なうという点について、異論がなかった。しかし、それは外務省が露骨に示したように、「少数民族問題」を防ぐための同化＝帰化推進をにらんだ上での方針であった。そして、「好ましからざる外国人」については『『実質的に』差別待遇とならない」ように処遇するとしても、同化の対象と見なされなければ排除の対象となりうるのである。そして、このような思想は、在日朝鮮人に一律に韓国国籍を認める一方で、「善良な」在日朝鮮人の子々孫々への永住許可を主張しつつ、「悪質な」在日朝鮮人の退去強制を一貫して認めてきた韓国政府の交渉姿勢にも符合すると言わざるを得ない。

第七次会談における議論

第七次会談は一九六四年一二月から始まった。各議題で妥結の動きが加速するなか、法的地位交渉については第一に、退去強制の条件で合意が形成された。一九六五年一月一九日の会合で、日本側の案のうち、内憂、外患の罪（筆者注＝内乱罪および外患罪。国内外からの要因で国家破壊や政府転覆などを行なう罪）から騒擾（筆者注＝騒乱罪。多衆が集合して暴行・脅迫を行なうことで公共の平穏を侵害する罪）を除外する代わりに、凶悪犯の量刑を七年以上とすること、そして麻薬犯については営利目的で三年以上の禁錮または懲役に処せられた者および三回受刑した者（協定発効前に三回以上受刑した者は二回）という条件で合意が成立した。〈註53〉また、「外交上の利益を犯した者」についても、三月四日の会合で禁錮以上の量刑とすることなどで合意した。〈註54〉

第二に、永住許可の範囲で合意が成立した。一九六五年二月二四日の首席会合で、韓国側の金東祚代表は協定永住者の子が成年に達した際の永住許可の内容について、改めて再協議するという提案をした。〈註55〉これに対して、日本側は子々孫々にわたる永住許可となるとして難色を示したが、三月二四日に北東アジア課がこの対象者についての再協議に応じる用意があるとする案を作成した。〈註56〉

先述した経緯により、一九六五年四月三日に請求権、漁業とともに、法的地位問題の合意内容について、仮調印が行なわれた。そして、一九六五年六月二二日に「在日韓国人」法的地位協定が締結され、日韓両国国会における批准を経て、一九六六年一月一八日より発効した。この協定により、在日朝鮮人一世および二世（いわゆる「協定一世および二世」）は協定発効の日から五年以内に永住許可の申請をすれば日本での永住が認められた。いわゆる「協定三世」の法的地位は韓国政府からの要請により、協定発効の日から二五年後を経過するまでは協議を行うこととなった。なお、現在の在日朝鮮人は「韓国籍」「朝鮮籍」を問わず、一九九一年一一月一日に施行された「日本国との平和条約に基づき日本の国籍を離脱した者等の出入国管理に関する特例法」により、「特別永住」資格を有している。〈註57〉

そして、退去強制については同協定第三条において、以下の項目に該当する者が対象と定められた。

(a)　日本国において内乱に関する罪又は外患に関する罪により禁錮以上の刑に処せられた者（執行猶予の言渡しを受けた者及び内乱に附和随行したことにより刑に処せられた者を除く。）

(b)　日本国において国交に関する罪により禁錮以上の刑に処せられた者及び外国の元首、外交使節又はその公館に対する犯罪行為により禁錮以上の刑に処せられ、日本国の外交上の

重大な利益を害した者

(c) 営利の目的をもつて麻薬類の取締りに関する日本国の法令に違反して無期又は三年以上の懲役又は禁錮に処せられた者（執行猶予の言渡しを受けた者を除く。）及び麻薬類の取締りに関する日本国の法令に違反して三回（ただし、この協定の効力発生の日の前の行為により三回以上刑に処せられた者については二回）以上刑に処せられた者

(d) 日本国の法令に違反して無期又は七年をこえる懲役又は禁錮に処せられた者[註58]

なお、韓国側は在日朝鮮人が韓国国籍保持者であることを確認する条項について、一九六五年三月四日の会合で、「どうしても困る」という日本側の立場に譲歩して削除した。[註59]とくに日本側はこの条項に対する朝鮮民主主義人民共和国政府からの批判を警戒したのであった。[註60]また、永住許可申請時の書類については合意議事録に以下の通り示された。

第一条に関し、

一　同条一又は二の規定に従い永住許可の申請をする者が大韓民国の国籍を有していることを証明するため、

(i) 申請をする者は、旅券若しくはこれに代わる証明書を提示するか、又は大韓民国の国

籍を有している旨の陳述書を提出するものとする。

(ii) 大韓民国政府の権限のある当局は、日本国政府の権限のある当局が文書により照会をした場合には、文書により回答するものとする。〈註61〉

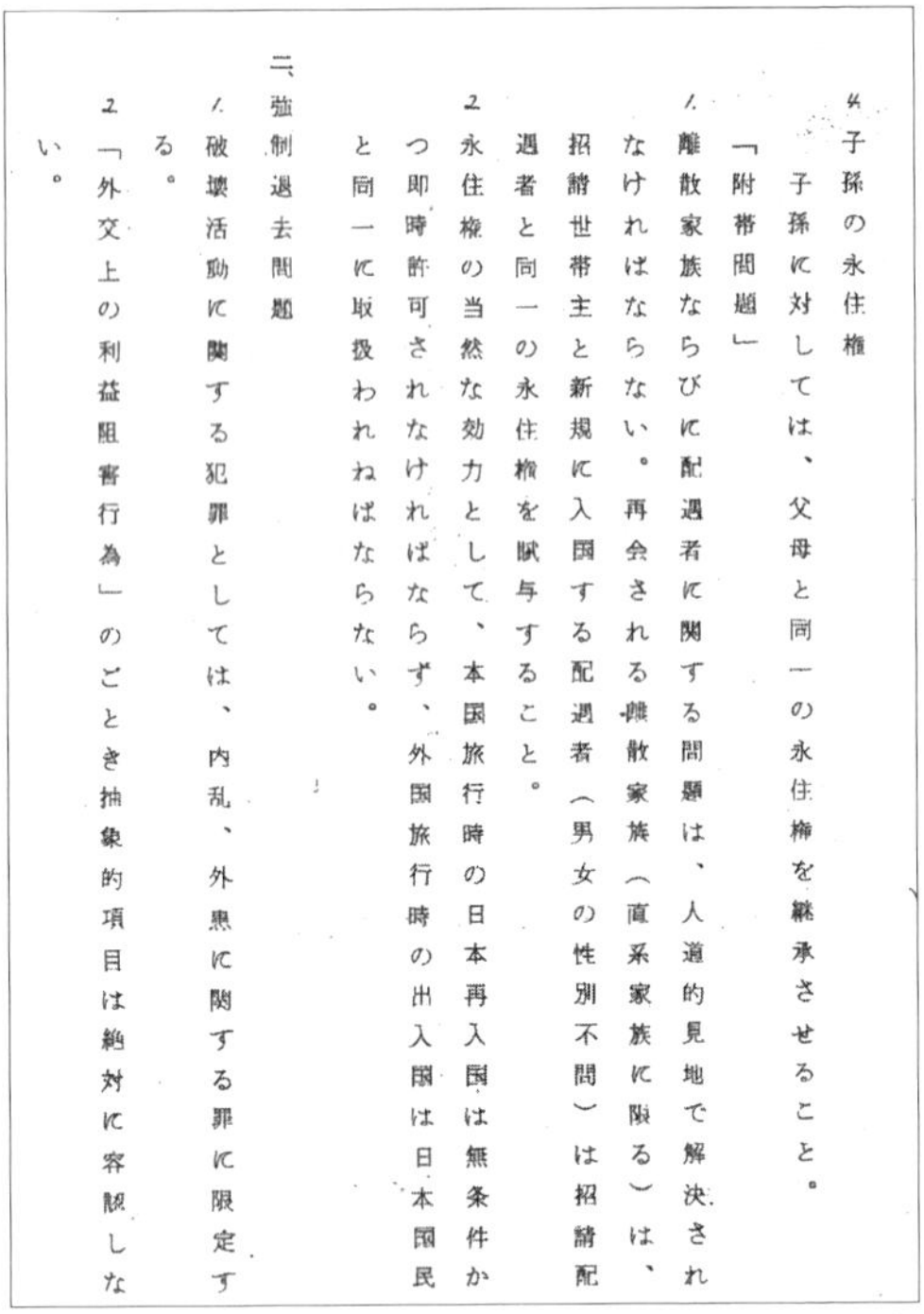

4 子孫の永住権

子孫に対しては、父母と同一の永住権を継承させること。

「附帯問題」

1 離散家族ならびに配遇者に関する問題は、人道的見地で解決されなければならない。再会される離散家族（直系家族に限る）は、招請世帯主と新規に入国する配遇者（男女の性別不問）は招請配遇者と同一の永住権を賦与すること。

2 永住権の当然な効力として、本国旅行時の日本再入国は無条件かつ即時許可されなければならず、外国旅行時の出入国は日本国民と同一に取扱われねばならない。

二、強制退去問題

1 破壊活動に関する犯罪としては、内乱、外患に関する罪に限定する。

2 「外交上の利益阻害行為」のごとき抽象的項目は絶対に容認しない。

「在日韓国人の法的地位および処遇問題に関する要求事項」（日 469/5 頁）註 65 の資料である。

また、帰化については、日本側が一九六五年三月の段階で「協定永住」者の子が「満二〇年に達した日の後三〇日以内に日本国の法令に従い帰化の許可の申請を行なったときは、その許可について妥当な考慮を払う」という条文を用意していたが、日韓間で本格的な討議がなされなかった。〈註62〉

なお、日韓会談における法的地位交渉を通して、在日本大韓民国居留民団（民団、現在は在日本大韓民国民団）の要望が十分に反映されなかった。会談の後半期において、民団は韓国政府に対して、法的地位交渉に代表が参席できるように要望してきた。〈註63〉しかし、それが実現したのは第七次会談であり、しかも、元民団団長権逸《クォンイル》の役職は顧問、すなわちオブザーバーの立場であった[註64]。一九六五年三月三日に民団が日本政府へ宛てた要望書では、「子孫に対しては、父母と同一の永住権を継承させること」や「『外交上の利益阻害行為』のごとき抽象的項目は絶対に容認しない」などの項目が示されている[註65]。民団の要望は在日朝鮮人の総意であるとは言い難いものの、韓国政府を支持する在日朝鮮人の要望をある程度反映したものであった。だが、日韓協定には、これらの要求がほとんど反映されなかったのである[註66]。

おわりに

以上のような交渉過程を通して、日韓両国が日韓協定によって追求したのは、次の三点である。第一に、「善良」な朝鮮人の「韓国人」化および彼らへの永住許可であり、第二に、帰化奨励による「日本人」化であり、第三に、「悪質」な朝鮮人の（人道的）追放および退去強制であった。

そして、これらの諸目標が最終的に行き着くところはほかでもなく、在日朝鮮人の「消去」、すなわちその不可視化であった。日本、韓国、朝鮮民主主義人民共和国のいずれかの「国民」として統合することにより、国民国家システムにおける境界的存在である在日朝鮮人という存在そのものを「消去」することを追求した。

それが、「協定永住」および「協定退去強制」の意味である。すなわち、日韓法的地位協定は在日朝鮮人社会に「分断線」を持ち込むとともに、植民地支配の産物である在日朝鮮人の存在そのものを不可視化しようとする試みだったのである。

このことに関連して、とくに日本政府が在日朝鮮人の帰化を奨励したのではなく、その法的地位の序列化、すなわち帰化朝鮮人、永住許可を受ける朝鮮人（韓国籍）、そして永住許可を受けない朝鮮人（朝鮮籍）という序列形成を重視する見解もある。〈註67〉これはとても重要な指摘で、たしかに日本政府が帰化政策を積極的に推進しているとはとても思えない。だが、実際はともかく、「在日韓国人」法的地位協定を締結した日韓の官僚たちが目指した思想は、今まで明らかにしたとおりである。言わば、在日朝鮮人を「善良」と「悪質」に振り分け、前者を日本社会に取り込み、後者を排除しようとする思想こそ、在日朝鮮人問題を見えなくするイデオロギーとして機能しているのである。マジョリティによる同化を求める圧力という問題は、在日朝鮮人に限らず、日本に暮らすすべてのマイノリティに共通するものである。

現在の日本において、特別永住者は五〇万人弱に減少しつつあるが、永住外国人そのものの数は増えている。とりわけ中国、韓国から日本に移住した人々が永住許可を受けるケースが増えている。日韓両国が追求した在日朝鮮人の「消去」は遅々として進まないばかりか、むしろ日本政府が危惧した「少数民族問題」はますます現実の問題として顕在化しつつある。

それにもかかわらず、永住外国人を対象とする地方参政権を強硬に認めない言論や朝鮮高級学校に通う学生たちへの就学費用減免適用を除外する議論など、近年の日本における外国人問題の対応は旧態依然たるものである。もはや、かたくなに国民国家システムの原則を固守するよりも、それを解体しつつ、日本社会に生きる人々が生きやすくなるための、新たな社会をつくる努力こそ求められている。それを一言でいえば、「植民地主義の克服」にほかならない。

【註】

〈1〉この用語は松本邦彦「在日朝鮮人の日本国籍剥奪――日本政府による平和条約対策研究の検討」（『法学』〔東北大学法学会〕第五二巻第四号、一九八八年一〇月）に拠った。

〈2〉「平和條約に伴う国籍問題等処理要綱（案）」一九五一年八月六日付、法務府民事局、日／五四八、一頁。

〈3〉松本前掲論文、一四五頁。

〈4〉「国内朝鮮人の法的地位に関する対韓接衝方針（案）」一九五一年九月二八日、管理局総務課、日／五四九、一頁。

〈5〉「平和條約締結後における国内「朝鮮人」の地位に関する若干の考察」（管理局総務課）日／五四八、八～九頁。断りがない限り、以下の傍点は原文通りである。

〈6〉同前、一五頁。

〈7〉『大韓民国国会第一回速記録』第一一八号、一一四四頁。

〈8〉「対日講和条約に関する基本態度及びその法的根拠（駐日代表部案）」一九五〇年一〇月、対日講和調査委員会、韓／七六、六二～七二頁。李洋秀「韓国側文書に見る日韓国交正常化交渉　第三

回　在日韓国人の国籍」（『季刊　戦争責任研究』第五五号、二〇〇七年三月、七一〜七三頁）。

〈9〉「一部悪質的共産系列人物の強制帰還問題に関する件」一九五一年五月一六日、発信：駐日代表部金龍周公使、受信：外務部長官（「韓日会談予備会談〈一九五一・一〇・二〇―一二・四〉在日韓人の法的地位問題事前交渉〈一九五一・五―九〉」、韓／七八、四〜五頁）。前掲李洋秀論文、七三〜七五頁。

〈10〉「在日同胞中一部悪質分子強制送還問題及び在日韓国人の法的地位に関する件」一九五一年七月一六日、発信：外務部長官、受信：駐日大使（前掲「韓日会談予備会談〈一九五一・一〇・二〇―一二・四〉在日韓人の法的地位問題事前交渉〈一九五一・五―九〉」、四六頁）。

〈11〉文京洙『在日朝鮮人問題の起源』クレイン、二〇〇八年、一四一〜一四六頁。

〈12〉「在日韓国人の法的地位に関する小委員会の経過報告」（「第一次韓日会談〈一九五二・二・一五―四・二一〉在日韓人の法的地位委員会会議録、第一―三六次、一九五一・一〇・三〇―一九五二・四・一」、韓／八一、二六〜二七頁）。同文書は作成年月日等が記されていないが、一九五一年一二月三〇日付の兪鎮午国籍問題分科会委員長から外務部政務局長への報告書に添付されたものと思われるので、同年一二月二二日までの議論を駐日代表部が整理した文書と思われる。

〈13〉予備会談および第一次会談における在日朝鮮人の法的地位をめぐる議論については、金太基『戦後日本政治と在日朝鮮人問題　ＳＣＡＰの対在日朝鮮人政策一九四五―一九五二年』（勁草書房、一九九七年）の第六章第二節に詳しい。とくに、退去強制問題については七三四〜七三九頁を参照されたい。

〈14〉「在日韓国人の国籍及び処遇に関する韓日協定案（四月一日）」（前掲「第一次韓日会談〈一九五二・二・一五―四・二一〉在日韓人の法的地位委員会会議録、第一―三六次、一九五一・一〇・三〇―一九五二・四・一」、四六三頁）。

〈15〉「永住許可を受けた在日韓人に対する退去強制の運用に関する諒解事項（案）」一九五一年四月一日、日／五五八、一～二頁。なお、一九五一年一〇月四日に公布された出入国管理令第二四条第一項第四号に列挙された退去強制事由については、資料編二三七ページを参照されたい。

〈16〉第二～三次会談における在日朝鮮人法的地位交渉についての韓国政府公開文書としては、以下の文書がある。「第二次韓日会談（一九五三・四・一五―七・二三）国籍および処遇分科委員会会議録、第一―六次、一九五三・五・一三―六・一九」、韓／四六一、「第三次韓日会談（一九五三・一〇・六―二一）国籍および処遇分科委員会会議録、第一次、一九五三・一〇・一〇」、韓／九四。

〈17〉「日韓交渉会議議事要録（一四）第二回国籍処遇関係部会」一九五三年五月二二日、アジア局第二課、日／一六〇、一二頁。

〈18〉「第二次会談国籍処遇関係部会第六回会議状況」久保田参与、一九五三年六月一九日、日／一六四。

〈19〉「国籍処遇協定要綱」作成年および作成者不明、日／八五九。

〈20〉「第二次会談国籍処遇関係部会第五回会議状況」久保田参与、一九五三年六月一一日付、日／一六三。

〈21〉「第二次会談国籍処遇関係部会第四回会議状況」久保田参与、一九五三年六月五日付、日／一六二。

〈22〉テッサ・モーリス―スズキ『北朝鮮へのエクソダス――「帰国事業」の影をたどる』朝日新聞社、二〇〇七年。

〈23〉「第四次日韓全面会談における在日韓人の法的地位に関する委員会の第一八回（再開第三回）会合」一九五九年九月一一日、北東アジア課、日／一〇八八、二〇頁。

〈24〉同前、一三頁。

〈25〉「第四次日韓全面会談における在日韓人の法的地位に関する委員会の第一一回（再開第六回）会合」一九五九年一〇月二〇日、北東アジア課、日／一〇九一、一〇〜一一頁。

〈26〉「在日朝鮮人の渡来および引揚げに関する経緯、特に戦時中の徴用労働者について」一九五九年七月一一日、外務省情報文化局、日／八七五。

〈27〉「第四次日韓全面会談における在日韓人の法的地位に関する委員会の第三回会合」一九五八年六月二日、北東アジア課、日／一〇七三、七頁。

〈28〉「第四次日韓全面会談における在日韓人の法的地位に関する委員会の第四回会合」一九五八年六月九日、北東アジア課、日／一〇七四、二頁。

〈29〉「第四次日韓全面会談における在日韓人の法的地位に関する委員会の第九回会合」一九五八年一〇月二〇日、北東アジア課、日／一〇七九、七頁。

〈30〉「第四次日韓全面会談における在日韓人の法的地位に関する委員会の第十回会合」一九五八年一〇月二七日、北東アジア課、日／一〇八〇。なお、第四次会談における在日朝鮮人法的地位交渉についての韓国公開文書は「第四次韓日会談（一九五八・四・一五―六〇・四・一九）在日韓人の法的地位委員会会議録、一―二二次、一九五八・五・一九―五九・一一・二」、韓／一〇七である。

〈31〉「第五次日韓全面会談予備会談における在日韓人の法的地位に関する委員会の第五回会合」一九六〇年一二月一二日、北東アジア課、日／一〇九七。

〈32〉「第五次日韓全面会談予備会談における在日韓人の法的地位に関する委員会の第六回会合」一九六〇年一二月一九日、北東アジア課、日／一〇九八、六頁。

〈33〉「日韓予備会談における法的地位委員会の今後の進め方に関する基本方針」一九六一年三月二五日、外務省（法務省と協議済）、日／一一五六、四〜五頁。「第五次韓日会談予備会談、在日韓人の法的地位委員会会議録および訓令・非公式会談報告、一九六〇―六一」韓／七一二、一四六〜一六七頁。

〈34〉「第五次日韓全面会談予備会談における在日韓人の法的地位に関する委員会の第八回会合」一九六一年三月二日、北東アジア課、日／一一〇〇、六～七頁。

〈35〉「法的地位問題に関し法務省と打合せの件」一九六〇年一二月二三日、北東アジア課、日／一一五二、六〇～七六頁。

〈36〉「第五次日韓全面会談予備会談　在日韓人の法的地位および処遇に関する委員会　討議状況と問題点」作成日および作成者不明、日／一一五七、六頁。

〈37〉外国の一定地域に九〇日以上居住または滞留する「大韓民国国民」は、この法律により、韓国政府の在外公館を通して、在外国民登録が義務づけられている。

〈38〉「法的地位問題に関する第六回非公式会談記録」一九六一年一二月二日、北東アジア課、日／一一一〇、五～七頁。

〈39〉前掲「第五次韓日会談予備会談、在日韓人の法的地位委員会会議録および訓令・非公式会談報告、一九六〇―六一」、一四六～一六七頁。

〈40〉「第五次日韓会談予備会談開始後、すでに提出された「在日韓国人の永住許可と退去強制」に関する問題点とこれに対する見解」一九六〇年一二月一二日、入国管理局、日／一一五〇、一〇頁。

〈41〉「第六次日韓全面会談における在日韓国人の法的地位に関する委員会第三回会合」一九六一年一二月一九日、北東アジア課、日／九三八、一〇～一七頁。

〈42〉「法的地位委再開に当っての問題点」一九六二年九月一七日、入国管理局、日／一五八〇、[illegible]頁。

〈43〉「日韓会談予備交渉法的地位関係会合第四八回会合」一九六四年一月二九日、北東アジア課、日／六七八、二二～二六頁。「再開第六次日韓全面会談在日韓国人の法的地位に関する委員会第一～三回会合」一九六四年四月二二日～五月一四日、北東アジア課、日／四四九。なお、韓国公開文書は

「続開　第六次韓・日会談〔在日韓人〕法的地位委員会会議録、一―三次、一九六四・四・二二―五・一四」、韓／七五七。

〈44〉「法的地位委員会の退去強制に関する専門家会議」北東アジア課、日／九四八～九五一。

〈45〉「在日韓国人の法的地位に関する委員会第二回非公式会談」一九六一年一一月一五日、北東アジア課、日／九四一、四頁。

〈46〉「第六次韓・日会談在日韓人の法的地位関係会議、一九六一・一〇―六四・三」、韓／七二四、二〇一頁。

〈47〉「日韓予備交渉法的地位関係会合第三三回会合」一九六三年六月一九日、北東アジア課、日／六七五、一五～一六頁。前掲「第六次韓・日会談在日韓人の法的地位関係会議、一九六一・一〇―六四・三」、二一八頁。

〈48〉「在日韓国人の法的地位問題中永住権の解決方法について」一九六二年九月一八日、北東アジア課、日／一五七六。

〈49〉「帰化による在日朝鮮人の同化政策について」一九六二年九月二六日、北東アジア課、日／一五七七。

〈50〉「（省議資料）在日韓国人の法的地位に関する問題点」一九六三年一月三一日、入国管理局、日／一五八二、一～五頁。

〈51〉「日韓交渉と在日朝鮮人の取扱について」一九六三年一月三一日、入国管理局、同前、六～八頁。

〈52〉前掲「第六次韓・日会談在日韓人の法的地位関係会議、一九六一・一〇―六四・三」、一九六頁。

〈53〉「第七次日韓全面会談在日韓国人の法的地位に関する委員会第八～九回会合」一九六五年一月二九日および二月二日、北東アジア課、日／九八、七～一二頁。なお、第七次会談の法的地位委員会についての韓国公開文書は、「第七次韓日会談　法的地位委員会会議録および訓令、一九六四―六五、全二巻（V・一第一―二四次、一九六四・一二・七―六五・四・一六）（V・二第二五―四〇次、一九六五・四・二一―六・一五）」、韓／一四五七および韓／一四五八である。

〈54〉「第七次日韓全面会談在日韓国人の法的地位に関する委員会第一六回会合」一九六五年三月四日、北東アジア課、日／一〇〇、一頁。

〈55〉「在日韓国人の法的地位問題に関する韓国側新提案」一九六五年二月二四日、北東アジア課、日／四六七、前半一六〜一七頁。

〈56〉「在日韓国人の待遇問題の最終的妥協案の骨子」一九六五年三月二四日朝、北東アジア課、同前、後半八五〜八八頁。

〈57〉この点については、田中宏『在日外国人　第三版――法の壁、心の溝』岩波書店、二〇一三年などを参照されたい。

〈58〉「日本国に居住する大韓民国国民の法的地位及び待遇に関する日本国と大韓民国との間の協定」、日／三九一、二六四〜二九五頁。

〈59〉前掲「第七次日韓全面会談在日韓国人の法的地位に関する委員会第一六回会合」、二二頁。

〈60〉「韓国案に対する日本側質問事項」一九六四年五月六日、日／一五八九、五頁。

〈61〉同前。

〈62〉「日韓国交正常化交渉の記録12（請求権・法的地位・漁業問題合意事項イニシャアル）」日／一二二八―一二、一二二頁。

〈63〉「第六次韓・日会談代表団任命関係、一九六一―六四」、韓／七二二、一六七〜二二二頁。

〈64〉前掲「第七次韓日会談　法的地位委員会会議録および訓令、一九六四―六五、全二巻（Ⅴ・一　第一―二四次、一九六四・一二・七―六五・四・一六）」。

〈65〉「在日韓国人の法的地位および処遇問題に関する要求事項」一九六五年三月二日、在日本大韓民国居留民団、日／四六九。

〈66〉この点に関連して、金鉉洙が韓国政府の在日朝鮮人認識において「棄民」が自覚化される過程を明らかにしている。金鉉洙「日韓会談における韓国政府の在日朝鮮人認識――「無自覚的な棄民」から「自覚的な棄民」へ」『朝鮮史研究会会報』第一八一号、一六～一八頁。

〈67〉鄭栄桓「吉澤文寿報告へのコメント」（『朝鮮史研究会会報』第一八三号、二〇一一年五月）。

V

「返還」か「贈与」か

——朝鮮由来の文化財をめぐって

本章では日韓会談における文化財交渉について、典籍（古書のこと）を中心に考察したい。文化財交渉は紆余曲折を経るが、最終的には一九六六年五月二八日に「陶磁器、考古資料および石造美術品」「図書」「逓信関係品目」の三種に大別される総計一四三二点の文化財が日本から韓国に引き渡された。それから四四年後の二〇一〇年一一月一四日に「図書に関する日本国政府と大韓民国政府との間の協定」（日韓図書協定）が締結されたことにより、日本政府が韓国政府に朝鮮王室儀軌《ぎき》（筆者注＝朝鮮王朝期の行事、その準備過程や動員された人員、費用の収支、制作物の内容や方法等を文章や絵画で記録した文書類の総称）を引き渡した。このことに関連し、本章では典籍およびそれを含む文化財目録を中心に交渉を整理してみたいと思う。

日韓会談の問題を述べる前に、朝鮮王室儀軌の引き渡しに至るまでの経緯について簡単に確認したい。二〇一〇年八月九日付『朝鮮日報』の記事によると、文化財交渉当時は宮内庁に朝鮮王室儀軌が保管されているという事実がわからず、返還対象に含まれなかったという。その後、韓国海外典籍調査研究会会長の千恵鳳《チョンヘボン》教授が初めて同庁書陵部を調査し、二〇〇一年に発行された『海外典籍文化財調査目録——日本宮内庁書陵部韓国本目録』を通じて、宮内庁に当該儀軌七二種が保管されているという事実が明らかになったという。

そして、二〇〇六年七月に東京大学がソウル大学に、同じ五台山《オデサン》史庫本である『朝鮮王朝実録』（筆者注＝『朝鮮王朝実録』は朝鮮王朝の歴代国王別に編纂された正史。後世に伝えるために四～

五部作成し、一部ずつ各地の史庫に保管した。江原道にあった五台山史庫本は韓国併合後に朝鮮総督府に集められた後、東京帝国大学〈現在の東京大学〉に移されたものである）を返還すると、同年九月に朝鮮王室儀軌還収委員会が発足し、一二月に「日本所蔵朝鮮王朝儀軌返還要求決議案」が韓国国会で採択された。

このときに日韓間で具体的な動きは現れなかった。しかし、韓国併合一〇〇年にあたる二〇一〇年二月二五日に同名の決議が韓国国会で採択されると、日韓間の交渉が急速に進展した。その結果、同年八月一〇日、菅直人首相が談話を発表し、一一月一四日に日韓両首脳が当該儀軌を含む一二〇五冊の宮内庁管理書籍の韓国への引き渡しを約した日韓図書協定に署名した。二〇一一年六月一〇日に同協定が発効し、同年一〇月一九日の日韓首脳会談の際に、朝鮮王朝第二二代国王の正祖《チョンジョ》の詩文集である『正廟御製』とともに当該儀軌が引き渡された。

ところで、前掲の朝鮮日報の記事によると、当該儀軌の日本への搬出経緯については、千恵鳳教授が同書に「旧蔵　五台山史庫　大正一一年五月　朝鮮総督府　寄贈」と書かれた判が押されてあるのを確認したことにある。韓国国会での決議案にもそれ以上のことは記載されておらず、朝鮮総督府から宮内庁に「寄贈」されたという点について、現在も文書などによって確認されていない。

1 韓国政府による対日賠償要求調査

解放直後の一九四五年一二月に震檀《しんたん》学会（筆者注＝震檀学会は一九三四年五月に組織された歴史学会である）が、日本人によって略奪された図書および宝物目録（書籍二一二種、美術品および骨董品八三七種）を完成し、米軍政庁に提出した。[註1] その後、南朝鮮で樹立された大韓民国政府によって、一九四九年に『対日賠償要求調書』（以下、『調書』）が完成した。ただし、同書の「書籍」についての説明には「壬辰倭乱《イムジンウェラン》（豊臣秀吉の朝鮮侵略戦争―引用者注）時に日本人によって略奪された朝鮮伝来の書籍の返還を要求する」とあるため、植民地期に日本へ搬出された朝鮮文化財は含まれていない。また、同書が日本に返還要求をしている書籍も二一二種であることから、この内容は前述の震檀学会による調査結果であると思われる。

『調書』は壬辰倭乱後の徳川幕府が「大部分の朝鮮人捕虜を返還したが、日本人が略奪していった物品と書籍はひとつも差し出さなかった」として、壬辰倭乱時に略奪された書籍の返還を優先する理由を説明している。もっとも、『調書』の内容そのものが一九四九年九月一日現在まで調査されたものであり、「調査され次第追加する予定」という説明があるので、この時点で韓国側が植民地期に搬出された書籍の返還を放棄したわけではないだろう。〈註2〉

ちなみに、壬辰倭乱時に略奪された朝鮮書籍は徳川時代に徳川御三家を通じて保管または分配されたという。その結果、『調書』作成当時に書籍が所在するとされた場所は次の一〇カ所である。ただし、具体的な書籍名がわかるのは宮内省図書寮《ずしょりょう》および蓬左《おうさ》文庫の朝鮮書目のみである。筆者が所在地に注釈を付した。

①東京市宮内省図書寮…一九四九年より諸書陵と統合し、宮内庁書陵部となる。
②東京市蓬左文庫…尾張徳川家の蔵書。一九五〇年に名古屋市に移管され、現在に至る。
③東京市帝国図書館…一九四七年に国立図書館、一九四九年に国立国会図書館と改称する。
④東京市前田侯爵家尊経閣文庫…加賀前田家の蔵書。現在は（財）前田育徳会尊経閣文庫である。
⑤東京市徳富猪一郎成簣堂《せいきどう》文庫…徳富蘇峰の蔵書。現在はお茶の水図書館にある。
⑥東京市徳川田順（圀順《くにゆき》か）侯爵家…徳川圀順は水戸徳川家第一三代当主である。
⑦水戸市彰考館文庫…『大日本史』編纂のための史料。現在は水府明徳会が管理する。
⑧萩市洞春寺…毛利元就の菩提寺で、幕末に萩から現在の山口市に移された。壬辰倭乱時

に毛利輝元が持ち去ったとされる蔵書が請求対象である。

⑨和歌山市和歌山師範学校…一九四九年の和歌山大学発足にあわせて、一九五一年閉校した。

⑩内閣文庫…現在は国立公文書館に統合されている。[註3]

また、韓国政府は一九五一年から日本にある旧李王家（筆者注＝旧李王家は朝鮮王朝の王族である。韓国併合により日本の王公族となり、皇族に準じる待遇を受けたが、日本国憲法施行に伴いその身分を失った）の財産調査を実施した。その内容は二〇〇五年に韓国政府が開示した外交文書に含まれている。しかし、これらの多くは不動産や株式であり、朝鮮王室儀軌などの書籍、美術品などの文化財を含むものではなかった。

2　文化財交渉における典籍目録について

第一～三次日韓会談における議論

初期の日韓会談において、文化財問題は財産請求権の範疇にあった。一九五二年二月二〇日の請求権委員会第一回会合で、韓国側から「韓日間財産および財産請求権協定要綱」が提示された。その第一項目に「韓国から運び来りたる古書籍、美術品、骨董品、その他の国宝地図原版及び地金と地銀を返還すること」と明記された。(註4) だが、前述の通り、日本側から在朝日本人財産に対する請求権が提起されたため、文化財についてはまったく議論されることなく終わった。

一九五三年四月から始まる第二次会談では、五月一四日の非公式会合で韓国側から「韓国国宝、歴史的記念物（美術工芸品、古書籍その他）返還請求」について、目録を添付して日本側に調査を促した。目録の具体的内容は不明だが、日本側の調査内容を見るとやはり前述の『調書』の

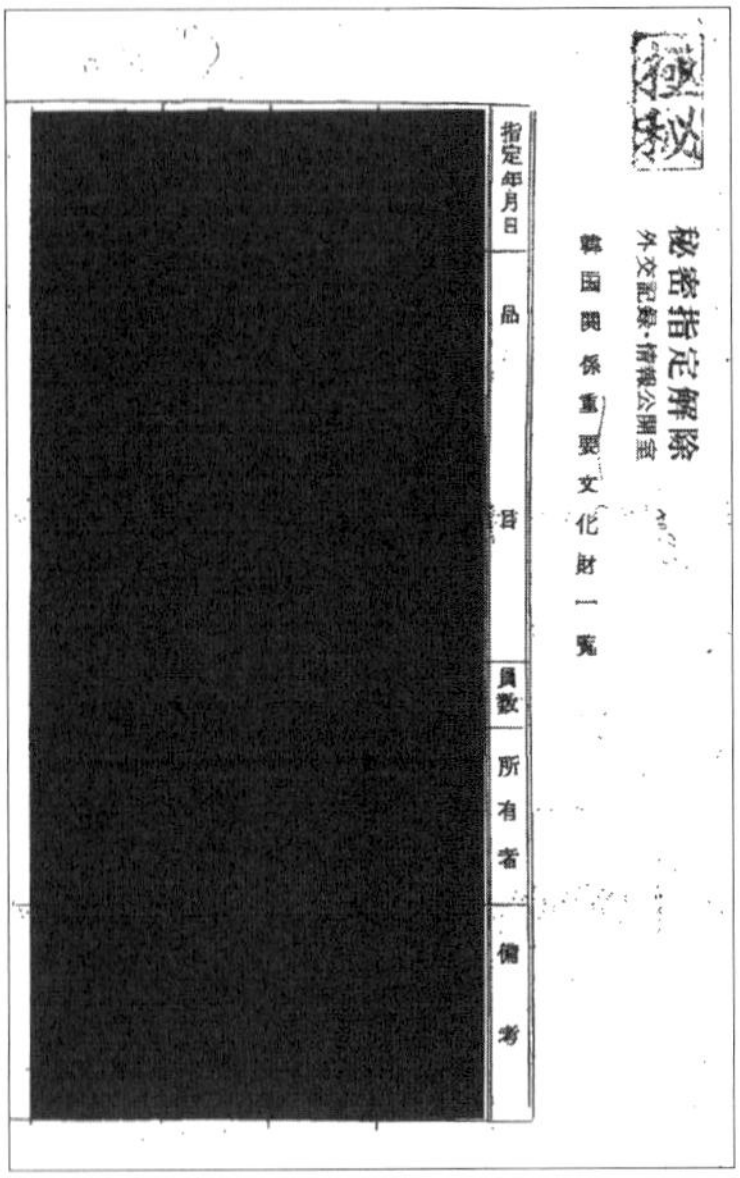

秘

秘密指定解除
外交記録・情報公開室

韓国関係重要文化財一覧

指定年月日	品名	員数	所有者	備考
[redacted]				

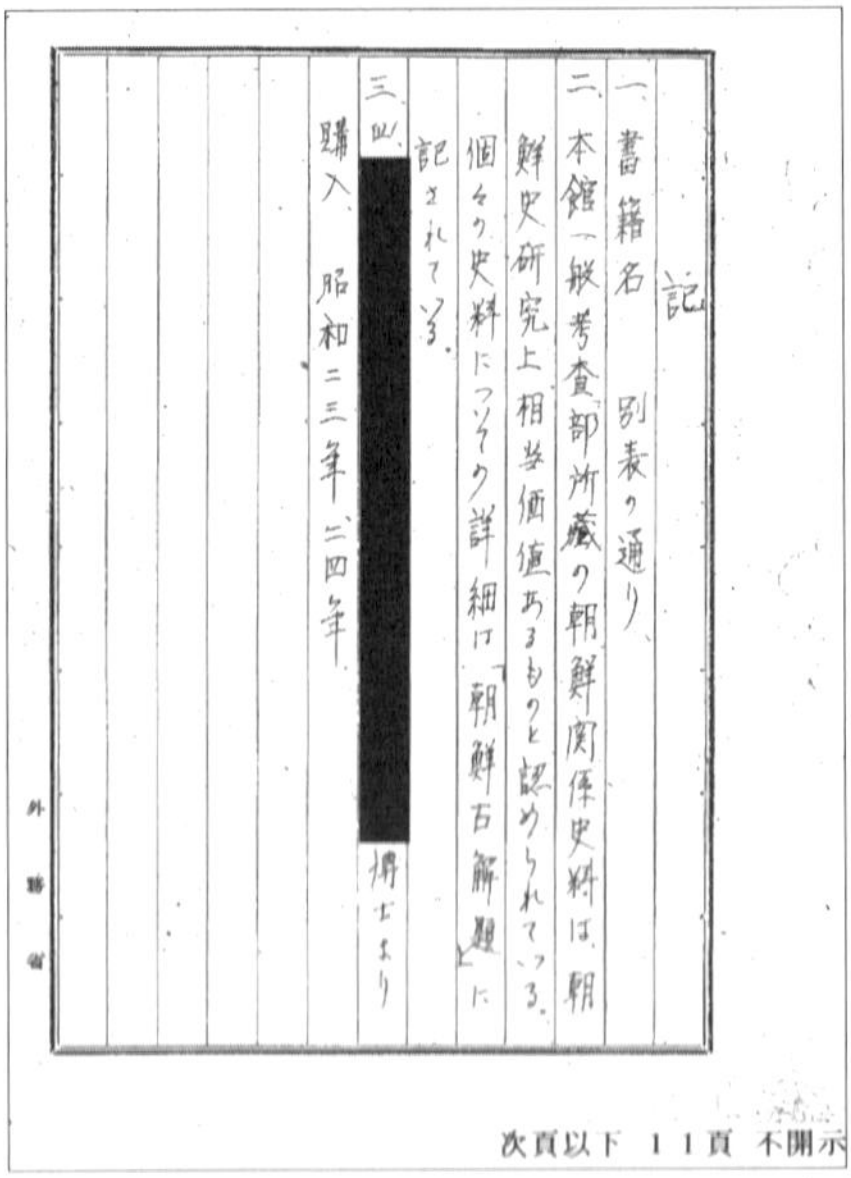

記

一、書籍名　別表の通り

二、本館一般考査部所蔵の朝鮮関係史料は、朝鮮史研究上相当価値あるものと認められている。個々の史料についての詳細は「朝鮮古書解題」に記されている。

三、[redacted]博士より購入　昭和二三年、二四年

外務省

次頁以下　11頁　不開示

〈右〉「韓国関係重要文化財一覧」（日 589/1 頁）作成年および作成者不明。タイトルのみ開示された文書である。／〈左〉「韓国書籍の調査」（1952 年 8 月 21 日付、日 583/28 頁）国立国会図書館が所蔵する朝鮮関係資料を文部省に報告したもの。そのリストがすべて不開示である。

内容に沿うものであったようである。実は、日本側では一九五二年より外務省から朝鮮書が所在する諸機関に調査を依頼していた。だが、これらの調査では書籍が壬辰倭乱によって日本に略奪されたものかどうかという点について、まったく触れられていない〈註5〉。

一九五三年一〇月一五日の第三次会談請求権委員会第二回会合では、韓国側から前回の追加分として古書籍リストが提示された。このリストについては詳細どころか、概要さえわからない。この会合で、日本側は日本にある朝鮮書はすべて正当な手段で日本に搬出されたものであると主張し、その略奪性を否定した。この議論が発端となり、久保田貫一郎首席

代表による朝鮮植民地支配を正当とする発言がなされるのである。その議論の概要は次のとおりである。

冒頭に韓国側からさきに四月会談（第二次会談―引用者注）において提出しておいた文化財に関する照会の追加であるとてリストを一部提出したのに対し、わが方（日本側―引用者注）、前回提示された目録について調査の結果は、すべて正当な手段で入手したものであり、しかもその多くは渡来年代も古く、総督府時代に没収、略奪したものはない。今回追加された目録についても調査はするがおそらく略奪財産に類するものはないと考えられる。当方としては文化財については、請求権問題とは別個に韓国の独立を祝する見地から若干の文化財を韓国に贈与するよう政府に進言してもよいと考えているが、韓国側が略奪品だから返せと主張するならお断りせざるを得ない。また本件はその性質上文化協定の内容をなすものと考えていると述べたのに対し、

韓国側一部委員から、その個人的経験に徴しても多数の韓国文化財が不法に日本に搬出されていると主張し、某財界有力者（不開示情報のため不明―引用者注）を指してその収集にかかる文化財は正当な対価を払ったものでない筈である等の発言もあったが、洪璡基主任委員は、文化財に対する請求は政治的な含みをもって根拠を不問にする建前なるも、日本側が義

務として引渡すものはないと明言するならば、韓国側としても出直さざるを得ない。その場合の略奪否定の立証責任は日本側にあると主張した。〈註6〉

このように、日本側は韓国側の請求に対して略奪したものはないとしつつ、「韓国の独立を祝する見地から若干の文化財を韓国に贈与する」考えを示した。これに対し、韓国側は多数の文化財が不法に日本に搬出された、また収集の際も正当な対価を払ったものはないと反論した。ただ、韓国側は文化財返還請求の「根拠を不問にする」など、日本側に一定の配慮を示していた。それにもかかわらず、日本側は韓国側の提案を受け入れなかった。

一九五八年の文化財引き渡しをめぐって

文化財交渉の転機は一九五七年一二月三一日に日韓共同宣言が発表された際、非公表として日本政府による朝鮮文化財の引き渡しが合意されたことであった。これをうけて、韓国政府では、翌年の一月二一日付けで文教部が外務部に「被奪文化財中一部の説明書」を送付した。その内容は①梁山夫婦塚発掘品、②楽浪王旰（肝？）墓発掘品、③慶州石窟庵内大理石舎利塔・、龕《がん》仏《ぶつ》二、④五台山史庫旧蔵　朝鮮実録一帙《ちつ》、⑤松方侯爵他二十五名所蔵高麗磁器約一二〇点、⑹小倉武之助所蔵品であった。これらはいずれも植民地期の朝鮮で発掘、収集され、日本の大学、博物館、個人に搬送されたものであり、日本の国宝や重要文化財などに指定されているものも含まれている。〈註7〉このうち④は二〇〇六年に東京大学がソウル大学に引き渡したものと同一と思われる。

しかし、一九五八年四月一六日に日本から韓国へ引き渡された文化財一〇六点はそれらのリストにはないものであった。文化財保護委員会が同年二月に作成した『韓国関係文化財追加参考資料』によると、引き渡された文化財は、一九一八年から京都大学の濱田耕作教授を中心に行なった慶尚南道昌寧郡昌寧面校洞第三一号古墳から出土したものであった。これらは朝鮮総督府博物館が保管していたが、総督府の財政難とともに、帝室博物館が大陸室（朝鮮室、中国室など）をつくる予定であり、総督府から美術品を求めていたことから、一九三八年九月に帝室博物館に移管され、一九五八年当時も東京国立博物館で保管されていたのであった。〈註8〉なお、文化財専門委員である黄寿永《ファンスヨン》東国大学校教授は、日本側が引き渡した文化財について、「資料的価値は高いとはいえない」と駐日大使に報告している。〈註9〉

外務省は文化財引き渡しの際、この一〇六点とは別に、文化財保護委員会が作成した梁山夫婦塚から出土した四八九点のリストを韓国側に渡した。韓国側はこのリストも将来返還されると考えていた。しかし、日本側はそれらの引き渡しの可能性について確言しなかった。

第四次日韓会談における議論

一九五八年四月から始まる第四次会談から文化財問題が請求権問題から独立して討議されることになった。六月四日の第一回会合で韓国側から次のような提案がなされた。

Ａ　韓国文化財とはあらゆる古書籍、美術品、骨董品その他文化財地図原版を包含する。

Ｂ　韓国としては、国内にいろいろ異なった意見もあるが、一九〇五年以降韓国から日本に持ち去られた韓国文化財の返還を要求する（なおこの点については、韓国国内には、一九〇五年以前に日本に持ち去られたものも多くあり、これらを（ママ）返還を要求すべきであるとの意見もあるが、本小委員会の円滑な解決のため一応一九〇五年以降とした旨付言した。）。

従って、日本から韓国に返還する用意のある韓国文化財全部のリストを提出してくださることを要求する。〈註10〉

この点について、黄寿永教授は一九五八年七月七日付の外務部長官への報告で、「わが文化財の搬出期間を「西暦一九〇五年以後」に限定したために、それ以前において主に壬辰倭乱を契機として略奪されたと推定される文化財は請求対象から除外しなければならないため、その取捨選択の必要があります。これはとくに典籍部門においてもっとも甚だしい」と述べた。〈註11〉

この記述から、韓国政府が日本に請求した典籍目録は早くとも『対日賠償要求調書』作成後に改めてつくられたものと思われる。また、黄寿永教授は典籍および個人所蔵品を主として担当調査する専門委員を一名ずつ補強すべきであると提言した。〈註12〉第五次会談時の専門家会議より李弘植《イホンジク》高麗大学校教授が黄寿永教授とともに文化財交渉を担当することになったのは、このような事情があったからであると思われる。

一〇月二五日の第五次会合において、韓国側からさらに「第一次返還請求韓国文化財項目」が示された。その内容は次の通りである。これらの項目は表現こそ異なるものの、同年一月に文教部が示した請求項目とほぼ重なっている。

一、「指定文化財」（「重要美術品」を含む）
一、いわゆる朝鮮総督府（「朝鮮古蹟研究会」）によって搬出されたもの
一、いわゆる統監総督などによって搬出されたもの
一、慶尚南北道所在墳墓その他遺跡から出土したもの
一、高麗時代墳墓その他遺跡から出土したもの〈註13〉

（筆者注＝朝鮮古蹟研究会とは、一九三一年八月に設立された朝鮮総督府博物館の外郭団体。研究会の理事長には政務総監を推薦し、黒板勝美・小田省吾・浜田耕作・原田淑人・池内宏・梅原末治および学務局長を理事とし、総督府博物館内に事務所を置いた。会の調査活動資金は、岩崎小弥太、細川護立からの寄付金、日本学術振興会補助金、宮内省や李王家からの下賜金のほか、事業家や文化人の援助を受けた。）

その後、日韓双方で文化財についての調査が行なわれた。とくに、一九五九年一〇月七日付で韓国政府が英文で作成した「Korean Claims against Japan（Art Objects & Vessels）」（韓国の対日請求権〈美術品および船舶〉）の添付資料である「Cumulative List of Art Objects and Archeological materials in Japan」（在日美術品および遺物累計目録）は点数のみであるが、項目および所在別に数値がまとめられている。[註14] だが、一九五九年に在日朝鮮人帰国問題（一三七ページ参照）が焦点化すると、文化財交渉はまったく進展しなかった。結局、一九六〇年の韓国四月革命（二一九ページ参照）のため、第四次会談は中断した。

第五〜六次日韓会談における議論

一九六〇年一〇月から始まった第五次会談では、一一月一一日の文化財小委員会第一回会合で韓国側から第四次会談で提示した五項目に「書画、典籍および地図原版」「個人所有の文化財」を加えた七項目の対日請求を提示した。〈註15〉その後、同月一四日に行なわれた非公式会合で日本側から文化財問題に関する三つの条件が示された。

それは①国有文化財は原則的に差し上げる。差し上げるというのは返還の意味ではなく、寄付するという意味である、②私有文化財は引き渡すことができない、③文化財を差し上げることは、どこまでも政治的、文化的考慮から行なうものであり、法律的義務で行なうものではない、というものであった。

日本側は文化財交渉を通して、この原則を貫徹した。〈註16〉第五次会談から文化財小委員会の枠内で対象の文化財について具体的に話し合う専門家会議が始まったが、一九六一年五月の韓国での軍事クーデターにより、交渉は進展しないまま中断した。

一九六一年一〇月から始まった第六次会談では文化財小委員会とともに、具体的な品目について討議する専門家会合が並行した。このような会談形式は請求権交渉と同様であり、翌年三月の小坂・崔徳新《チェトクシン》外相会談に向けて実務交渉が急がれた。一二月一八日の文化財小委員会第五回会合で日本側主査（首席委員）の伊関佑二郎外務省アジア局長[註17]は七項目の韓国側請求について、次の通りに述べて、日本側の立場を改めて示した。

①不法、不当な手段によって文化財が搬出されたことについては、韓国側が確実な証拠に基づいて説明したと認めることができない。また、当時から数十年経過した今となってはその事実立証は難しい。さらに日本人個人による不当な行為があったとしても、それに対し国家が責任を負わねばならぬという国際上の問題はない。

②文化財が出土国に帰属する、または出土国に返還しなければならないという国際法の原則や慣例は見いだし得ない。

③以上二点により、日本側に返還する義務があるとか、韓国側に要求する権利があるとは考えない。しかしながら、日本側としては韓国の文化振興にできる限り寄与貢献したいし、国交正常化の際に日本側の自発的意志によってある程度のものを贈与したい[註18]。

そして、翌六二年二月一四日に外務省北東アジア課が作成した「文化財問題の解決方針に関する件」（討議用資料）では、外務省が韓国側に引き渡す品目として次のものが掲げられた。

(イ)　東京博物館所蔵の慶尚南道梁山郡梁山面北亭里出土品四八九点

(ロ) この他、若干の高麗焼陶磁器、及び、唯一の国有重要文化財である東京芸術大所蔵の美術品一点

(ハ) 韓国側が特に執心のように見受けられる小倉コレクション(小倉武之助所蔵品のこと—引用者注)中若干のものを政府買上げ、または小倉氏の自発的意志に基づく寄贈とすること

(ニ) 逓信関係文化財(東京逓信博物館所蔵)

(ホ) 古書籍については、その主要なもの(韓国側が特に関心を見せている、宮内庁書陵部所蔵のいわゆる統監本、京都大学の河合文庫、寺内文庫を含む)をマイクロ・フィルムに収録し、そのフィルムを韓国側に譲与すること(反対にマイクロ・フィルムの方を日本側に保管することも考え得る)。

このうち、(イ)は一九五八年の文化財引き渡しの時に韓国側に渡されたリストと同一である。(ニ)は一九五八年二月に韓国の逓信部が「韓国逓信文化財対日現物返還要求品目」を作成したが、それまでの文化財交渉では議論されていない〈註19〉。

その後、二月二八日に行なわれた文化財小委員会第七次会合で、韓国側からより具体的な「返還請求韓国文化財目録」が提示された。以後、文化財交渉はこの目録を基礎として引き渡し品目が定まるので、その項目をすべて示しておきたい。なお、下記(三)の一および二については、

一九六三年三月二日の文化財関係専門家会合において、韓国側からより具体的な項目が示されたが、それらのほとんどが東京国立博物館に所蔵されているものであった。

(一)　朝鮮総督府より搬出されたもの

一、慶南梁山夫婦塚出土品
二、慶州路西里二一五番地古墳出土品
三、慶州皇吾里第一六号墳出土品
四、平南大同郡大同江面貞栢里一二七、二二七号墳出土品
五、平南大同郡大同江面石巌里二〇一号墳出土品
六、平南大同郡大同江面南井里一一六号墳出土品
七、平南大同郡大同江面王肝墓出土品

(二)　統監および総督等により搬出されたもの

一、伊藤博文　高麗陶磁
二、曾禰荒助　韓国典籍
三、寺内正毅　典籍書画仏像
四、統監府蔵書

五、河合弘民蔵書（官府記録）

(三) 日本国有のつぎの項目に属するもの

一、慶尚南北道所在墳墓その他遺蹟から出土したもの

二、高麗時代墳墓その他遺蹟から出土したもの

三、逓信関係文化財

(四) 指定文化財（小倉武之助蔵品およびその他）

(五) 一、谷井済一所蔵品

二、小倉武之助所蔵品

三、市田次郎所蔵品

四、石造美術品〈註20〉

第七次会談から文化財協定に基づく朝鮮文化財の引き渡しまで

韓国における日韓会談反対闘争（三六ページ参照）により、一九六四年六月に中断した日韓会談は同年一二月に再開された。文化財交渉は韓国側が示した目録に対して、日本側が韓国側と討議しつつも、引き渡し品目について主導権を握っていたといえる。すなわち、日本側は日本には

ない学術上貴重な資料や、東京国立博物館に設置が予定されている東洋館（一九六八年開館）に展示したい品目をなるべく日本に残そうとした。とくに、韓国側が一九五八年から返還を切望していた梁山夫婦塚出土品は日本政府内でも引き渡しの是非が問われていた。

だが、一九六五年三月二二日の日本側関係者打合会で、文化財保護委員会事務局の松下隆章美[注21]術工芸課長が①本出土品が任那と日本との関係を説明する貴重なものであること、②朝鮮古蹟研究会による発掘に際し、日本学術振興会が年二万円ずつで六万円、宮内庁が五〇〇〇円、李王家から三〇〇〇円拠出されており、そのお礼の意味で出土品の三分の一を帝室博物館に寄贈したことなどを挙げて、引き渡しに反対した[注22]。

結局、このような議論の末に日本側は同出土品の引き渡しを拒絶することを決定した。その代わりに、文化財交渉の最終段階で上述の韓国側請求目録の（一）二および三の出土品すべてと（三）一および二に該当する品目を増やして、韓国側に引き渡すことになった。

考古品に比べると、典籍についての議論はそれほど対立することはなかったようである。一九六五年七月一日付で北東アジア課が作成した説明は次の通りである。「図書一六三部八五二冊は宮内庁書陵部所蔵のものである。うち一一部九〇冊は明治四四年七月当時、朝鮮総督府から宮内省に移管されたものであり、一五二部七六二冊は曾禰荒助氏（第二代韓国統監―引用者注）の献上本で、明治四三年一二月に図書寮に引継がれたものである」[注23]。すなわち、韓国側が請求していた典籍のうち、初代朝鮮総督の寺内正毅や、朝鮮史研究者の河合弘民が日本に搬入したものは含まれなかったのである。

なお、日本側は韓国側から強い要望のあった図書のうち、引き渡しのできないものについては「お土産」としてマイクロフィルムを作成することにした。一九六五年六月一八日の文化財交渉における日本側の説明によると、その対象として蓬左文庫、内閣文庫、尊経閣文庫（一九六五年現在東洋文庫にある）、紅葉山文庫（宮内庁書陵部）の蔵書を検討していた。そして、一九六六年五月二八日に日韓協定に基づく文化財とともに、二三八種の書籍のマイクロフィルムもあわせて日本から韓国へ引き渡されたのであった。

このとき、日本側の吉田健三駐韓臨時代理大使は「今後の文化協力の面における発展が遂げられることを切に希うものであります」と述べ、文化協力を強調する挨拶を簡潔に行なった〈註24〉。これに対し、李東元《イドンウォン》外務部長官は文化財への思いについて、次のように述べた。

われわれが半世紀以上も失っていて今日再びみつけだしたこの文化財の一つ一つには、わが先祖の魂と精神が刻み込まれており、わが民族文化の貴重な資産として永くわれわれの子孫に遺すことができるでしょう。

韓日両国は地理的に近接した関係にありながらも不幸な過去をもったことは心の痛いこと

であります。このような不幸な過去を清算し、新しい関係を樹立することが韓日国交正常化の最も大きな意義であったし、わが文化財の返還こそ不幸な過去を清算するにおいて大きく貢献するものであることを私は信じて疑いません。〈註25〉

このように李東元外務部長官は日韓友好とともに過去の清算についても言及する、丁寧な挨拶を行なった。このことは、文化財交渉が最後まで同床異夢であり、日本の植民地支配責任をうやむやにするための交渉であったことを明確に象徴しているといえる。

おわりに

さいごに、当初の課題に立ち返りながら、本章の内容を整理したい。日韓会談における文化財交渉において、韓国政府が関心を持った典籍は壬辰倭乱の時に日本に略奪された書籍であった。しかし、一九五八年の第四次会談から一九〇五年以降に日本に持ち込まれたものに限定して請求項目を作成し直した。だが、それらの中にも、朝鮮王室儀軌が含まれていたとは思えない。同じ五台山史庫の朝鮮王朝実録が一九五八年一月の文教部による対日請求対象に含まれていたことを考えると、朝鮮王室儀軌の史料上の沈黙はじつに対照的である。やはり、日韓会談当時は、当該儀軌が対日請求品目として、少なくとも韓国側の交渉担当者は意識していなかったといってよいだろう。

日韓会談において、文化財の問題はしばしば「返還」か「贈与」かという争点で議論されてきた。すなわち、韓国側が朝鮮文化財の「返還」を要求したのに対し、日本側はあくまで「贈与」という立場を譲らなかった。一九六五年に締結された日韓文化財協定においても、日本側からの朝鮮文化財「引き渡し」のみが明記され、条文に「返還」の意味が盛り込まれなかった。当然ながら、日朝国交正常化交渉においてもこの問題が討議されるはずである。この交渉において、日本政府は先述したような植民地支配を通じた日本人の朝鮮文化財略奪の事実を認定した上で、朝鮮北部に原位置を有する文化財の返還が実現されるべきである。

このような国家レベルにおいては「返還」というロジックによる文化財帰還という行為が行われてこそ、「過去清算」の名に適うものといえよう。しかし、この問題は国家レベルよりもはるかに大量の朝鮮文化財が日本人個人の所有であるというところに大きな難点がある。しかも、略奪、不法搬出に携わった人物の多くが他界し、さらに文化財そのものが幾人もの手に渡りながら、その来歴がわからなくなってしまった文化財が少なくない。盗掘または略奪の当事者のいない文化財の「返還」はどのようにして実現されるべきなのだろうか。このような問題も含めて、文化財のあるべき姿を考えることも今後の日韓・日朝関係の課題であろう。

【註】


〈1〉柳美那「『韓日会談外交文書』に見る韓・日文化財返還交渉」、国民大学校日本学研究所編『議題から見る韓日会談　外交文書公開と韓日会談の再照明2』先人、二〇一〇年、ソウル、三九〇頁。

〈2〉大韓民国政府『対日賠償要求調書』一九五四年、一五～二三頁。

〈3〉同前、二三―二四頁。

〈4〉「日韓会談　第一回財産請求権問題委員会議事要録」一九五二年二月二〇日付、日／一一七三、七頁。

〈5〉「AIDE-MEMOIRE on talking of the 14th May,1953」日／六九二、二五頁。

〈6〉「日韓交渉報告（再九）請求権部会第二回会議状況」一九五三年一〇月一五日付、久保田参与、日／一七四、一～二頁。

〈7〉「被奪文化財中一部の説明書送付の件」一九五八年一月二一日付、文教部長官送信、外務部長官受信、「第四次韓日会談（一九五八・四・一五―六〇・四・一九）文化財小委員会会議録及び文化財返還交渉、一九五八」韓／一〇二、一〇九～一一四頁。

〈8〉「韓国関係文化財追加参考資料」一九五八年二月二八日付、文化財保護委員会、日／五六七、二四～二五頁。

〈9〉荒井信一『コロニアリズムと文化財――近代日本と朝鮮から考える』岩波書店、二〇一二年、一二九頁。

〈10〉「第四次日韓全面会談における請求権小委員会の第一回会合」一九五八年六月四日付、北東アジア課、日／四四五、三頁。

〈11〉「調査報告に関する件」一九五八年七月七日付、黄寿永送信、林炳稷受信、前掲「第四次韓日会談（一九五八・四・一五―六〇・四・一九）文化財小委員会会議録及び文化財返還交渉、一九五八」、一九八～一九九頁。

〈12〉同前、二〇一頁。

〈13〉「第四次日韓全面会談における請求権小委員会（文化財）の第五回会合」一九五八年一〇月二五日付、アジア局北東アジア課、日／四四五、三五〜三六頁。

〈14〉「Cumulative List of Art Objects and Archeological materials in Japan」、前掲「第四次韓日会談（一九五八・四・一五―六〇・四・一九）文化財小委員会会議録及び文化財返還交渉、一九五八」、二四八〜二五二頁。

〈15〉「第五次日韓全面会談予備会談における文化財小委員会第一回会合」一九六〇年一一月一一日付、北東アジア課、日／四八、五頁。

〈16〉「日本側代表との非公式会談報告の件」一九六〇年一一月一一日付、第五次韓日会談予備会談首席代表送信、外務部長官受信、「第五次韓日会談予備会談文化財小委員会及び専門家会議報告、一九六〇・一一―六一・五」、韓／七一一、一三〜一五頁。

〈17〉伊関佑二郎（一九〇九―一九九九）東京生まれ。一九三二年東京帝国大学法学部卒業。その後外務省に入り、在南京大使館一等書記官、在青島領事を経て敗戦。戦後は賠償庁秘書課長兼総務課長、公職資格訴願審査委員会事務局長、警察予備隊総隊副総監、外務省連絡局長・国際協力局長となった。一九五四年在香港総領事、次いで法務省入国管理局長、外務省移住局長、アジア局長を経て、一九六二年駐オランダ大使、一九六六年駐インド大使を歴任。退官後、三品実業会長を務めた。第五〜六次日韓会談で伊関は外務省アジア局長として、基本関係委員会および文化財小委員会で主査を務め、大平・金鍾泌会談までの実務者会合で杉道助首席代表を補佐した。一九六二年九月三日の韓国側との会合で、伊関が「事実上において独島（日本名竹島―引用者注）は無価値な島である。大きさは日比谷公園程度だが、爆破でもしてなくしてしまえば問題がないだろう」と発言したとする記録がある（「第六次韓日会談第二次政治会談予備折衝第四次会議会議録」一九六二年九月三日付、「第六次韓日会談第二次政治会談予備折衝：本会議、一―六五次、一九六二・八・二一一六四・二・六　全五巻（Ⅴ・二　四―二二次　一九六二・九・三―一二・二六）」韓／七三七、一七～二六頁。なお、日本政府の議事録にはそのような発言が記録されていない。

〈18〉「一二月一八日の文化財小委員会第五回会合における伊関主査発言要旨」日／一一六七、七二～七五頁。

〈19〉「文化財問題の解決方針に関する件（討議用資料）」一九六二年二月一四日付、北東アジア課、日／五七六、一三～一四頁。

〈20〉「返還請求韓国文化財目録」日／二六七、八六～九〇頁。

〈21〉松下隆章（一九〇九―一九八〇）長野県生まれ。一九三二年慶應義塾大学美学美術史学科を卒業。専門は日本絵画史で、仏画や水墨画に多くの論文著書がある。一九三四年帝室博物館研究員、一九三八年同館監査官補に任ぜられた。一九四七年に国立博物館付属美術研究所に入り、一九五二年文化財保護委員会事務局美術工芸科へ転じ、一九五九年には美術工芸課長、一九六五年には文化財監査官となり、国宝・重要文化財指定や保護など、日本の文化財行政の中心で活動した。その後も奈良国立文化財研究所長、京都国立博物館長などを歴任するとともに、一九五五年から一九六九年まで慶應義塾大学で美術史を講じた。

〈22〉「文化財に関する打合会」一九六五年三月二二日付、北東アジア課、日／五八二、二五～三四頁。

〈23〉「韓国に引渡す文化財について」一九六五年七月一日付、北東アジア課、日／五九二。

〈24〉「文化財引渡に於ける吉田代理大使挨拶（一九六六・五・二八）」日／一一二〇、九六～九七頁。

〈25〉「文化財返還に際する李東元外務部長官の挨拶」一九六六年五月二八日付、同前、九二～九五頁。

Ⅵ 竹島／独島領有権問題の帰着点は？

本章は、日韓会談において、竹島／独島領有権問題をどのように解決しようとしたか、とくに二〇一三年以降に開示された外務省の外交記録を示しながら解明することを目指す。また、第II章で述べたとおり、日本側がこの問題を正式に日韓会談の議題としようとしたのは第四次会談以降である（六六ページ参照）。本章ではとくにこの問題への対処方針が日韓双方で明確となる第六次会談以降の議論を整理する。なお、この島がどの国の領土かという点は本章の課題ではない。また、議論を整理した上で、二〇一五年現在も日本政府が不開示としている記録についても確認しつつ、領有権論議の今後を展望する。

日本敗戦後、一九四五年九月二日にGHQ／SCAPは日本の漁業および捕鯨許可区域（いわゆるマッカーサー・ライン）を設定し、竹島／独島をその区域から除外した。その後、連合国総司令部覚書（SCAPIN）六七七号および一〇三三号によって、竹島／独島は日本船舶またはその乗組員が接近あるいは上陸できない区域となった。マッカーサー・ラインは対日講和条約発効に伴って廃止された。

一九五二年一月一八日に平和線（李承晩ライン、四ページ参照）を設定した韓国政府は、とくに朝鮮戦争停戦後に警備を本格化させ、この海域に入った日本漁船を次々と拿捕した。翌五三年一二月一二日、韓国政府は漁業資源保護法を公布し、拿捕した日本漁民を「処罰」するための国内法を整備した。これに対して、日本政府はこの海域に常時巡視船を哨戒させるとともに、国会でも李承晩ライン問題の解決を求める決議を繰り返し可決した。これとともに、日韓間で竹島／

独島領有権をめぐって、往復書簡による論争が行われたが、決着をみることはできなかった。

ところで、議論に入る前にいくつか確認しておきたい。まず、「実効支配」については、「平穏かつ継続的に公権力が行使されていること」を意味する国際法上の用語とする指摘がある。〈註1〉この定義に立つと、日韓双方が領有権を主張する竹島／独島については、どの政府も「実効支配」を行っていないということになる。

また、領有権主張の論理として、「無主地先占《むしゅちせんせん》」「固有の領土」「領有の意志を再確認」などの用語がある。例えば、外務省がいう「固有の領土」とは「一度も他国の領土となったことがない」土地を指す用語であるが、とくに竹島／独島の場合、近代国家形成過程の一九〇五年の同島の島根県への編入以前に日本以外の国が領有しなかったという意味を含む。〈註2〉しかしながら、日本にしろ、韓国にしろ、前近代に作成された地図や記録からの「領域」の問題に遡って領有権主張をする傾向がある。そのため、これらの用語はしばしばミスリードや不要な拡散を招来するので、政府見解からきちんと整理がなされるべきである。

さらに、竹島／独島領有権問題で注目されやすい開示内容としては、第Ⅴ章で紹介した伊関佑二郎外務省アジア局長による「爆破」発言（一八八ページ〈註17〉参照）に代表されるような、日本側が竹島／独島の領有価値を低く見積もる記述や現在の日本側の竹島／独島領有権主張に不利と思われる、日本側の発言などが挙げられる。例えば、「アシカの数が減少した現在経済的にはあまり大

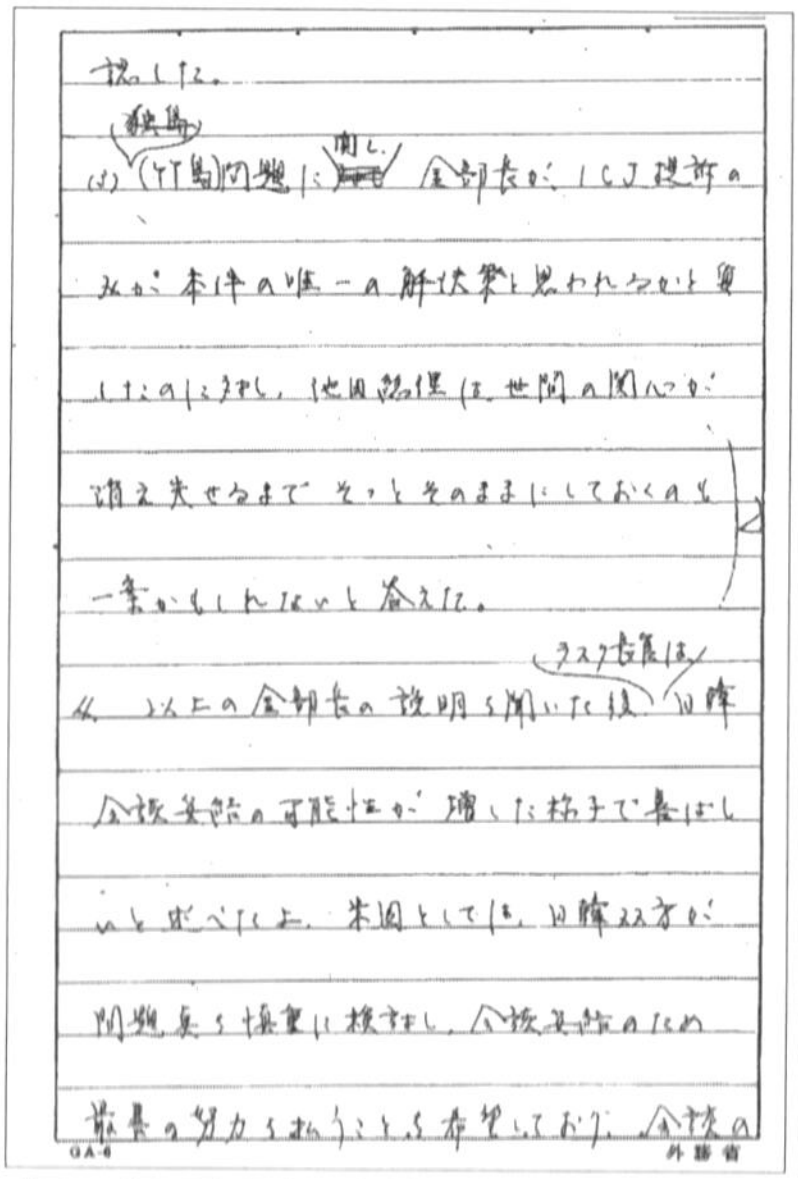

認した。
(4) (竹島〔独島〕) 問題に関し 金部長が ICJ提訴のみが本件の唯一の解決策と思われるかと質したのに対し、池田総理は 世間の関心が消え失せるまで そっとそのままにしておくのも一案かもしれないと答えた。
(5) 以上の金部長の説明を聞いた後 ラスク長官は 日韓会談妥結の可能性が増した様子で喜ばしいと述べたよし。米国としては、日韓双方が問題点を慎重に検討し、会談妥結のため最善の努力を払うことを希望しており、会談の
GA-6　外務省

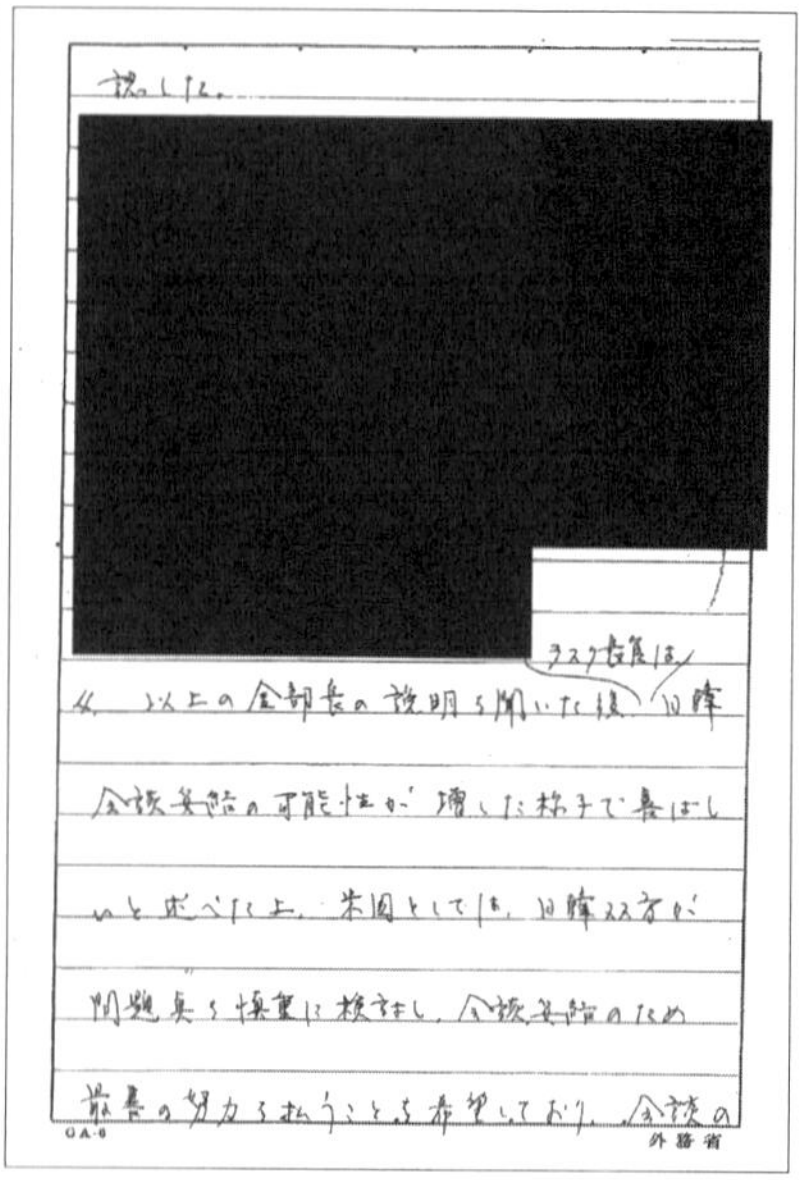

認した。
[redacted]
(5) 以上の金部長の説明を聞いた後 ラスク長官は 日韓会談妥結の可能性が増した様子で喜ばしいと述べたよし。米国としては、日韓双方が問題点を慎重に検討し、会談妥結のため最善の努力を払うことを希望しており、会談の
GA-6　外務省

「ラスク国務長官・金韓国中央情報部長会談内容に関する米側よりの通報」（日 1823/21 頁）註５の資料である。初回の開示決定では不開示（右）だったが、2013 年 10 月の東京地裁判決を受けて、外務省が開示（左）した。

きな意義を有しない〈註3〉」とか、あくまで国交正常化を優先し、竹島問題は「双方の面子の立つような解決」を提案する〈註4〉などの記録である。また、竹島／独島問題について、池田勇人首相が「世間の関心が消え失せるまでそのままにしておくのも一案かもしれない」と述べたという記録もある。〈註5〉しかし、外務省はこれらの情報が開示されても、日本の領有権主張に影響がないと判断し、開示しているということに注意する必要がある。

つまり、本章で日韓会談における竹島／独島領有権論議を検証する意味は、今後この問題の解決を展望するところにある。この論議で注目したいのは、領有権の根拠ではなく、領有権問題の解決策である。領有権の根拠については巻末の参考文献などを参照されたい。

1　第六次会談──「議題化」をめぐって

さて、一九六二年一一月一二日の大平・金鍾泌会談を前後する記録を見ると、日本側は国際司法裁判所（ICJ）共同提訴案を基礎としつつ、韓国側の反応を見て、竹島／独島領有権問題の「議題化」を模索したことがわかる。その際、「提訴から判決まで少なくとも二年内外はかかるので、竹島に関する判決が下るのも国交正常化後相当期間経過してからとなるわけであり、差し当り双方の国民感情を刺激するおそれはないという事実」を韓国側に了解させる方針であった[註6]。

一方、韓国側は竹島／独島領有権問題の「議題化」を回避するために、第三国調停案を提示した。大平・金鍾泌会談でも、金鍾泌は国際司法裁判所への提訴が「かりに二、三年後であっても勝敗の別がはっきり出ることとなり、日韓国交上不適当なので、むしろ、第三国（米国を念頭においている模様）の調停に委ねることを希望する」と述べた[註7]。

その後、一九六二年一二月二六日の日韓予備交渉で、日本側は「国交正常化後たとえば一年間日韓双方が合意する調停機関による調停に付し、これにより同問題が解決しないとき」に国際司法裁判所に提訴するという提案をした。このとき日本側は「調停期間中に双方で受諾可能な案を作り、これを調停の結果だということにして受諾するというやり方などもありうる」と示唆した。[註8]これらの提案は、日本側が国際司法裁判所への提訴の前に、いったん竹島／独島領有権問題を調停に付すという妥協案であった。

しかし、その後もこの問題は進展しなかった。外務省はその理由について、国際司法裁判所に共産国の判事がいるため、朝鮮民主主義人民共和国が利害関係人として裁判への参加が容認されるおそれがあるという韓国側の懸念を指摘している。その上で外務省は「結局本件は日韓会談の最終段階において、すべての他の懸案につき妥結した後に交渉全般の成否をこの一点にかけ、高度の政治的判断に基く解決を講ずるより他に途はなかろう。（その際、日本側として、従来の国会答弁との関係にもかんがみ、国際司法裁判所提訴に関する明確な合意をあくまで条件とするか否かも含めて、あらためて対処方針につき慎重再検討を要すると思われる。）」と述べている。[註9]このように、外務省はこの問題の「議題化」を実現するために、国際司法裁判所提訴に関する明確な合意を得るという交渉方針の調整を検討していた。

2 第七次会談――妥結に向けて

妥結直前の第七次会談になると、日本側の国際司法裁判所への提訴という提案がさらに含みを帯びる。また、第Ⅱ章で述べたように、竹島／独島領有権問題についての合意を条約形式とするか、それ以外の形式とするかという点も論議された（七〇ページ参照）。さらに、交渉当事者がそれぞれの国会でこの問題をどのように説明するのかという点も、記録を通して窺い知ることができる。

一九六五年二月の椎名悦三郎外相訪韓に向けて、外務省が準備した資料をみると、韓国側の第三国調停案について、「日本側事情を最大限考慮した上での妥協線であるとしているが、第三国による調停だけでは強制力がなく、韓国側の竹島一方的点拠という事態が無期限に継続することになるおそれが大である」とする。この指摘は韓国側の提案のねらいを正確に捉えていると言えよう。また、先に指摘したように、外務省は韓国側が国際司法裁判所への提訴を拒んでいる理由として、共産国代表が朝鮮民主主義人民共和国を裁判上の利害関係人として参加する権利を認め

る可能性があることを挙げている。〈註10〉

また、第Ⅱ章でみたように、日本側は基本関係論議で竹島／独島領有権問題を合意文書に明記することを目指していた（七七ページ参照）。それに関連する資料をみると、竹島／独島領有権について、批准条項が必要となる条約を結ぶか、そもそもこの問題を条文に明記するかどうかと思案する外務省側の様子がわかる〈註11〉（筆者注＝批准とは、全権委員が署名した条約に対する、当事国における最終的な確認・同意の手続きのことである。日本では内閣が行うが、国会の承認を必要とする）。共同宣言であれば批准は不要だが、条約形式などで批准条項をつけるなら、日韓間の合意内容が国会で承認されなければならない。外務省は、竹島／独島領有権問題の議題化さえできていない段階で、合意内容や形式によっては国会で承認が得られない可能性を考慮していたのではないかと思われる。

ところで、第七次会談に至っても、「諸懸案一括解決後国交正常化の原則を堅持しており、この諸懸案のうちには当然竹島問題も含まれねばならない」とし、国際司法裁判所による解決がもっとも妥当であるという日本側の交渉方針は従来通りであった。しかしながら、それが「ひとつの理想的解決方式」であり、「この解決方式に固執するものではない」としているところも注目される。〈註12〉

結局、竹島／独島領有権問題をめぐる日韓論議は「紛争の解決に関する交換公文」（資料編二三二ページ参照）というかたちに行き着く。調印直前の一九六五年六月一一日、外務省は米英韓の在外高官らに、後宮虎郎アジア局長がエマーソン駐日米公使に説明した内容として、国際司法裁判所への提訴に代わる仲裁委員会〈註13〉の設置方式について、次のように伝えている。

紛争の解決については、日本側はＩＣＪを降り原則として仲裁裁判に同意する用意はあるが、実際に速やかに仲裁委員会がセット・アップされることを確保する必要があると考えている。この点両国政府が任命する各一人の自国人仲裁委員が合意して第三の仲裁委員を決めるという韓国側案ではワーカブルでなく、少なくとも第二段階として両国政府がそれぞれ選定する二国の政府（個人でない）と右二国が選ぶ第三国の政府が任命する仲裁委員を以て国ベースで仲裁委員会がセット・アップされる方式をきめ置く必要がある。〈註14〉

つまり、日本側は日韓双方が合意して第三の仲裁委員を決める方式ではなく、日韓それぞれが選んだ第三国の政府がそれぞれの第三の仲裁委員を選定する方式を提案した。日本側は韓国側の提案では仲裁委員会が機能しない（ワーカブルでない）と考えた。

このように、日本側は国際司法裁判所による竹島／独島領有権問題の解決を基本方針としつつ、議題化そのものを拒む韓国側を説得するための対応を模索していた。結局これらの構想が条文化されることはなかったが、日本政府としてこの問題の解決に向けた交渉の幅を知りうる事例であろう。

なお、この時期の日本政府は韓国政府が国際司法裁判所提訴に応じない理由について、改めて推測していた。その内容を整理すると、次のとおりである。第一に韓国の裁判官が不在であり、第二に共産圏裁判官が存在し、第三に日本側は優秀な弁護士に高額な報酬が払え、第四に日本側は証拠書類作成能力が優れており、そして第五に「ソ連等共産主義国は、竹島問題の当事国として北朝鮮をも加えること、ないし当事国は韓国に非ずして北朝鮮であると主張する可能性がある」というものであった〈註15〉。

このうち、とくに第三および第四のように、依然として日本政府が韓国政府の外交手腕を過小評価していたことは、改めて指摘しておきたい。また、第五の推測が正しいとすると、竹島／独島領有権問題は日韓関係のみならず、朝鮮民主主義人民共和国およびソ連などの共産主義圏との関係でも検証が必要なテーマであるといえよう。

3　竹島／独島領有権から見た「一九六五年体制」

以上のような経緯で日韓基本条約とともに締結された「紛争の解決に関する交換公文」により、日韓両国は次のような文言を取り交わしている。

両国政府は、別段の合意がある場合を除くほか、両国間の紛争は、まず、外交上の経路を通じて解決するものとし、これにより解決することができなかつた場合は、両国政府が合意する手続に従い、調停によつて解決を図るものとする。

しかし、この「紛争」に竹島／独島領有権問題が含まれるかどうかについては、含まれるとする日本側に対し、韓国側は含まれないとしている。ただし、この解釈の相違については、むしろ日韓双方である種の了解があったとみるべきであろう。すなわち、「竹島・独島問題は、解決せざるをもって、解決したと見なす。したがって、条約では触れない」「両国とも自国の領土であると主張することを認め、同時にそれに反論することに異論はない〈註16〉ということである。

一九六五年九月二六日、佐藤栄作首相は金沢で記者会見し、竹島問題について「日韓両国の意見が一致しないまま、こんご平和的に話し合う方向で合意できている」〈註17〉と発言した。このことに関連して、訪韓した民社党議員団に対し、李東元外相は「佐藤首相以下、日本側が国内向けにああいうわれ方をしても韓国側として構わない」と述べた。張基栄《チャンギヨン》経済企画庁長官も「韓国側としては、従って、この問題に関する日本側の発言ないし国会答弁に対し、一々『それは不当だ』というように、まともな、正面切った反駁を加えるつもりはない」と述べている。ただし、文徳周《ムントクジュ》外務次官は「もし日本側が竹島問題に関し、直接交換公文に結びつけたいい方をされれば、韓国側として反駁せざるを得ない」と釘を刺した〈註18〉。これを「竹島密約」と呼ぶべきかどうか断言できないにしても、日韓国交正常化を機に、この問題の沈静化に日韓双方が努めていたと言うことはできるだろう。

おわりに

以上の通り、日韓両国は国交正常化交渉を通した竹島／独島領有権をめぐる論議の結果、いったんこの問題の沈静化を図ることに努めてきた。それから五〇年が経った現在、日韓双方はホームページ、ビデオ、フライヤー（チラシ）、パンフレット、小冊子などの多様な媒体により、この島が自国の「固有の領土」であると宣伝している。この問題を再び沈静化させることができるのだろうか。できないとすれば、どのように「解決」への道筋をつけることができるだろうか。

もっとも円満な解決策は外交交渉を通して合意を実現させることであろう。日韓会談では、国際司法裁判所に提訴する案、第三国が仲裁する案が主に論じられていたが、竹島／独島およびその周辺の海洋資源を平和的に利用する観点から、より柔軟な思考が必要かもしれない。

さらに、朝鮮民主主義人民共和国政府からも、「独島は歴史が証明し、世界が公認するわが民族の分離不可の神聖な領土である」と主張されている。[註19] ここでは同国の領土というより、統一朝鮮を前提とした領有権主張と思われる。

なお、本章の冒頭で述べたとおり、現在まで開示されている情報は日本政府が竹島／独島領有権主張に不利とならないと判断しているものである。では、現在も不開示とされている部分についてはどうであろうか。現在の日本政府の主張に不利となる内容が記述された文献・資料が記された記録はあるのだろうか。

例えば、対日講和条約と竹島／独島領有権問題との関連についての情報は現在まで開示されておらず、新たな情報が含まれている可能性がある。現在の日本政府は、対日講和条約第二条で日本が放棄すべき地域として列挙されている「済州島、巨文島および鬱陵島を含む朝鮮」に竹島

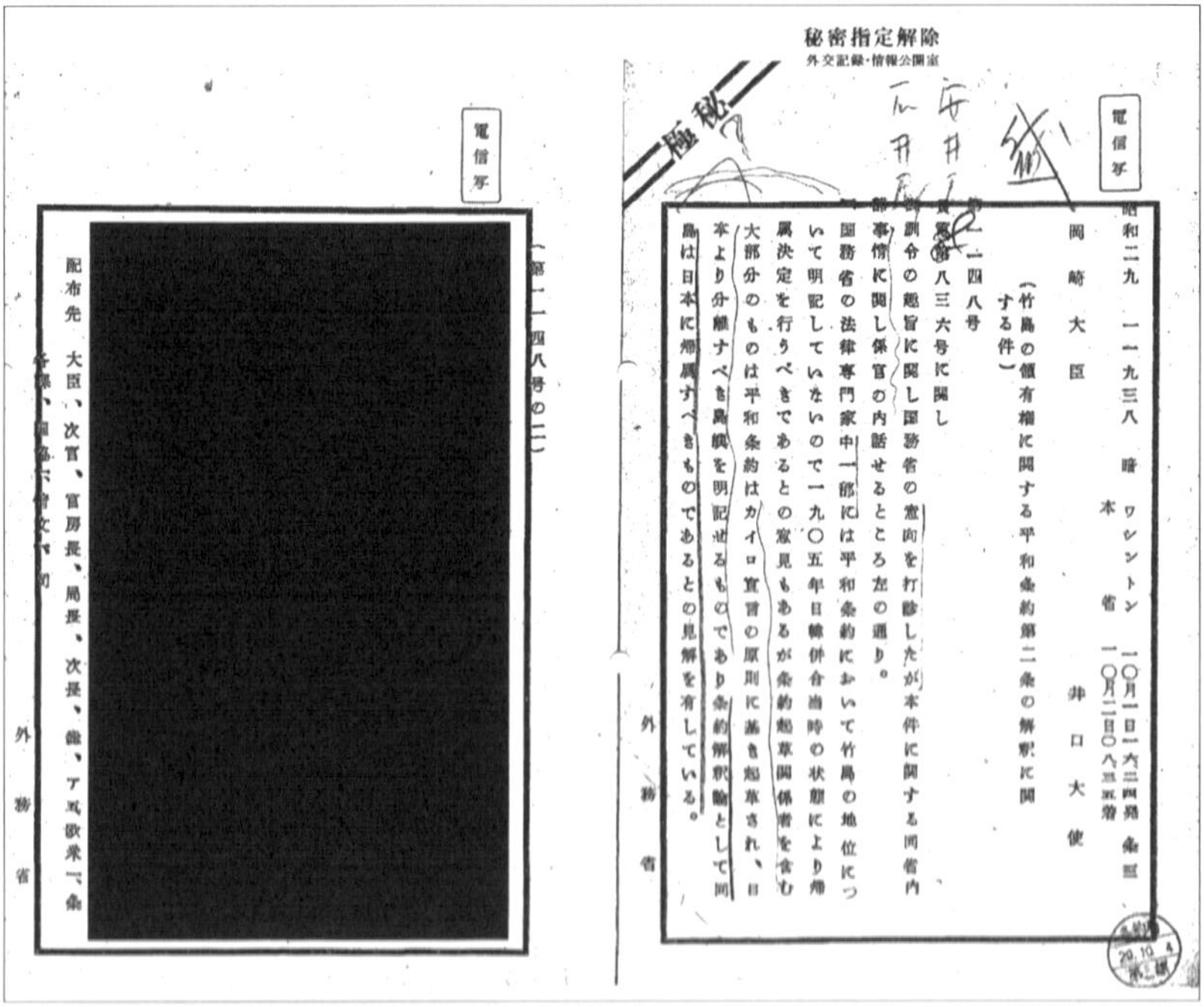

秘密指定解除
外交記録・情報公開室

極秘

電信写

昭和二九　一一九三八　暗　ワシントン　一〇月一日一六三四発
本省　一〇月二日〇八三五着

岡崎大臣　井口大使

（竹島の領有権に関する平和条約第二条の解釈に関する件）

第一二四八号

貴電第八三六号に関し

訓令の趣旨に関し国務省の意向を打診したが本件に関する同省内部事情に関し係官の内話せるところ左の通り。

国務省の法律専門家中一部には平和条約において竹島の地位について明記していないので一九〇五年日韓併合当時の状態により帰属決定を行うべきであるとの意見もあるが条約起草関係者を含む大部分のものは平和条約はカイロ宣言の原則に基き起草され、日本より分離すべき島嶼を明記せるものであり条約解釈論として同島は日本に帰属すべきものであるとの見解を有している。

外務省

電信写

（第一二四八号の二）

[redacted]

配布先　大臣、次官、官房長、局長、次長、参、ア局、欧米局、条

外務省

「竹島の領有権に関する平和条約第 2 条の解釈に関する件」（日 1675/105-106 頁）註 21 の資料である。

独島が「意図的に除外された」として、同条約によって「竹島は日本の領土であることが確認されました」と説明している。(註20) ところが、日本政府が現在開示している日韓会談関連外交文書のうち、対日講和条約第二条について不開示になっている情報が目立つ。

例えば、一九五四年一〇月一日付の電信で米国務省の対日講和条約第二条についての解釈に関する内話（非公式な会話）として、「国務省の法律専門家中一部には平和条約において竹島の地位について明記していないので一九〇五年日韓併合《ママ》当時の状態により帰属決定を行なうべきであるとの意見もあるが条約起草関係者を含む大部分のものは平和条約はカイロ

宣言の原則に基づき起草され、日本より分離すべき島嶼を明記せるものであり条約解釈論として同島は日本に帰属すべきものであるとの見解を有している」とある。だが、それに引き続く約一ページ分の記述全体が不開示となっている。〈註21〉

対日講和条約第二条に対する日本政府の主張が正しいのであれば、この条文に対する解釈についての情報がすべて開示されてもよいだろう。不開示情報をすべて開示した上で、領有権問題について真摯に議論するのが、「解決」への早道であろう。

いずれにしても、この問題の「解決」は日韓（そして日朝）間における信頼醸成に繋がらなければならない。わずか約〇・二一平方キロメートルの小さな島々を争うことで、日本と朝鮮に暮らす約二億の人々が相互に反目し合うことほど、無益なことはないだろう。

【註】


〈1〉浅羽祐樹『したたかな韓国　朴槿恵時代の戦略を探る』NHK出版、二〇一三年。

〈2〉和田春樹『領土問題をどう解決するか』平凡社、二〇一二年など。

〈3〉「日韓会談議題の問題点」一九五六年五月付、沢田大使説明資料、日／六八、六九頁（東京新聞、二〇一三年二月一九日付掲載）。

〈4〉「谷公使金公使会談（第二回）」一九五五年二月一日付、中川〈融〉条約局長—引用者注）記、日／一六七一、一二一～一二三頁。

〈5〉「ラスク国務長官・金韓国中央情報部長会談内容に関する米側よりの通報」一九六二年一一月七日付、北東アジア課、日／一八二三、二一二頁。

〈6〉「一一月一二日の大平大臣・金部長第二回会談における大平大臣の発言要旨（案）」一九六二年一一月六日付、アジア局、日／一八二六、二四頁。

〈7〉「日韓会談　大平大臣・金情報部長会談（一一月一二日）概要」作成年月日、作成者不明記、日／一三四〇、二頁。

〈8〉「日韓予備交渉第二一～二五回会合記録」一九六三年一一月二六日～一九六三年一二月一二日付、北東アジア課、日／六五二、七頁、一三頁。

〈9〉「日韓会談各議題の討議進捗状況」一九六二年七月九日付、アジア局、日／一三四二、二六～二七頁。

〈10〉「日韓首脳間の会談において明らかにすべき日本側の立場（試案）」一九六四年一一月一一日付、北東アジア課、日／一一二七、三五～三六頁。

〈11〉「日韓基本関係に関する一九六四年一二月一〇日の日本側合意要領案に対する修正案」一九六五年一月七日付、作成者不明記、日／一八五一、三六頁。

〈12〉「日韓会談における日本側の立場」一九六五年一月八日付、後宮局長より宇野代議士に手交したもの、日／一七八七、一一頁および一三頁。

〈13〉例えば、日韓請求権協定第三条第一項には「この協定の解釈及び実施に関する両締約国の紛争は、まず、外交上の経路を通じて解決するものとする」とあり、第二項にこれによって解決できない場合に仲裁委員会を設置することが定められている。

〈14〉「日韓漁業交渉の現況の米側への通報（通報）」一九六五年六月一一日、椎名大臣送信、武内駐米大使ら受信、日／一八七七、一四四頁。

〈15〉「竹島問題の国際司法裁判所付託と韓国の立場」一九六五年五月一三日付、北東アジア課、日／九一〇、一九六～一九八頁。

〈16〉ロー・ダニエル『竹島密約』草思社、二〇〇八年、二〇八頁。

〈17〉「金沢で『一日内閣』首相ら閣僚九人が出席」『朝日新聞』一九六五年九月二七日付。

〈18〉「日韓条約解釈の相違点に関する韓国側の説明について」一九六五年一〇月四日付、在ソウル前田記、日／一二三七、三～八頁。

〈19〉「独島は永遠にわれわれの土地である」『労働新聞』二〇一五年二月二一日付。

〈20〉外務省『竹島　法と対話による解決を目指して』二〇一四年、二頁。

〈21〉「竹島の領有権に関する平和条約第二条の解釈に関する件」一九五四年一〇月一日付、井口大使送信、岡崎大臣受信、日／一六七五、一〇五～一〇六頁、など。

資料編

◆日韓会談の概要（会談はすべて東京で行われた）

会談名　※（ ）内は期間	代表・議題・会談内容	関連事項
第一次会談・予備会談 （一九五一年一〇月二〇日～一二月二八日）	【日本側代表】 首席代表・井口貞夫（外務事務次官） 代表・千葉皓（外務事務官） 田中三男（入国管理庁実施部長） 平賀健太（法務府民事局主管） 後宮虎郎（外務省管理局総務課長） 佐藤日史（外務省条約局法規課長） 【韓国側代表】 首席代表・梁裕燦（駐米大使） 交替首席代表・中性模（駐日代表） 代表・葛弘基（駐日代表部参事官） 兪鎭午（高麗大学校総長） 林松本（殖産銀行頭取） 洪璡基（法務部法務局長） 【議題】 「在日韓国人」国籍処遇問題・船舶問題 【会談内容】 日本側が準備不足を理由に、漁業問題の討議に応ぜず。 本会談における議題を採択。	【一九四五年】 ◈八月一五日　日本敗戦、朝鮮解放 【一九四八年】 ◈八月一五日　大韓民国政府樹立 ◈九月九日　朝鮮民主主義人民共和国政府樹立 【一九五〇年】 ◈六月二五日　朝鮮戦争勃発 【一九五一年】 ◈九月八日　対日講和条約・日米安全保障条約調印 【一九五二年】 ◈一月一八日　韓国政府、海洋主権宣言発表（李承晩ライン設定）
第一次会談・本会談 （一九五二年二月一五日～一九五二年四月二四日）	【日本側代表】 首席代表・松本俊一（外務省顧問） 代表・村上朝一（法務府民事局長） 井口貞夫（外務事務次官） 西村熊雄（外務省条約局長） 倭島英二（外務省アジア局長） 大野勝巳（外務省参事官） 舟山正吉（大蔵事務次官） 塩見友之助（農林省水産庁長官） 牛島辰弥（運輸事務次官） 【韓国側代表】 首席代表・梁裕燦（駐米大使） 交替首席代表・金溶植（駐日公使） 代表・任哲鎬（外交委員会委員・弁護士） 兪鎭午（高麗大学校総長） 林松本（殖産銀行頭取） 洪璡基（法務部法務局長）	

【議題】

「在日韓国人」法的地位問題・船舶問題・基本関係問題・漁業問題

【会談内容】

日本側が在朝日本人財産に対する請求権を主張したことなどにより会談が決裂した。他の懸案も進展なし。

◆四月二八日　対日講和条約・日米安全保障条約発効

第二次会談
（一九五三年四月一五日～一九五三年七月二三日）

【日本側代表】
首席代表・久保田貫一郎（外務省参与）
代表・鈴木政勝（外務省参事官）
鶴岡千仭（法務省入国管理局次長）
石田正（大蔵省理財局長）
岡井正男（水産庁次長）
国安誠一（運輸省海運調整部長）
※日本側は「日韓会談再開のための予備交渉」として臨んだため、「首席代表」「代表」などの肩書きがなかった。

【韓国側代表】
首席代表・金溶植（駐日公使）
代表・柳泰夏（駐日代表部参事官）
崔圭夏（駐日総領事）
林松本（外交委員会委員・殖産銀行総裁）
張基栄（同・韓国銀行副総裁）
張暻根（同・国会議員）
洪璡基（法務部法務局長）
池鐵根（商工部水産局長）

【議題】

「在日韓国人」法的地位問題・船舶問題・基本関係問題・請求権問題・漁業問題

【会談内容】

法的地位問題で国籍確認問題に若干の討議と進展があった。

漁業問題では主に漁業資源論が討議された。

朝鮮戦争休戦が成立し、ジュネーブ会議の開催が決定されたため、日本側が休会を提議した。


【一九五三年】
◆七月二七日　朝鮮戦争休戦協定調印

第三次会談
（一九五三年一〇月六日〜一〇月二一日）

【日本側代表】
首席代表・久保田貫一郎（外務省参与）
代表・鈴木政勝（外務省参事官）
鶴岡千仭（法務省入国管理局次長）
下田武三（外務省条約局長）
清井正（農林省水産庁長官）

【韓国側代表】
首席代表・金溶植（駐日公使）
代表・柳泰夏（駐日代表部参事官）
崔圭夏（駐日総領事）
張暻根（外交委員会委員・国会議員）
洪璡基（法務部法務局長）
李相徳（韓国銀行外国部長）

【議題】
「在日韓国人」法的地位問題・基本関係問題・請求権問題・漁業問題

【会談内容】
李ラインの合法性をめぐって論争した。
日本側は最後まで在朝日本人財産に対する請求権を主張した。
久保田発言により会談が決裂した。

【一九五七年】
◈一二月三一日　日韓会談再開のための日韓共同宣言調印

【一九五八年】
◈九月八日　金日成首相、在日朝鮮人の帰国を歓迎すると発言

第四次会談
（一九五八年四月一五日〜八月一一日）

【日本側代表】
首席代表・澤田廉三（前外務省顧問・国連大使）
代表・井上孝治郎（特命全権大使）
平賀健太（法務省民事局心得）
伊関佑二郎（外務省移住局長）
正示啓次郎（大蔵省理財局長）
大隈渉（外務審議官）
板垣修（外務省アジア局長）
高野藤吉（外務参事官）
西村健次郎（農林省水産庁次長）
粟沢一男（運輸省海運局長）

【韓国側代表】
首席代表・林炳稷（国連大使）
代表・金裕沢（駐日大使）
柳泰夏（駐日公使）
李澔（前法務部長官）
崔圭夏（駐日代表部参事官）
張暻根（国会議員）

第四次会談
（一九五九年八月一二日〜一九六〇年四月一五日）

【日本側代表】
首席代表・澤田廉三（前国連大使）
代表・伊関佑二郎（外務省アジア局長）
平賀健太（法務省民事局長）
高瀬侍郎（法務省入国管理局長）
大隈渉（外務審議官）
三宅喜二郎（外務審議官）
西原直廉（大蔵省理財局長）
高橋泰彦（農林省水産庁次長）
朝田静夫（運輸省海運局長）

【韓国側代表】
首席代表・許政（前国務総理署理）
次席代表・柳泰夏（駐日大使）
代表・兪鎮午（高麗大学校総長）
張暻根（国会議員）
李澔（前法務部長官）
李載沆（駐日代表部参事官）
陳弼植（同）
李相徳（韓国銀行業務部長）
兪昌順（韓国銀行外国部長）
黄寿永（文教部嘱託）
池鐵根（商工部水産局長）

【議題】
「在日韓国人」法的地位問題・基本関係問題・請求権問題・漁業問題

【会談内容】
一九五七年一二月の日韓共同宣言により、日本側は在朝日本人請求権を撤回、久保田発言を取り消した。また文化財の一部が引き渡され、日韓「抑留者」の相互釈放が決定した。在日朝鮮人帰国事業のためしばし中断、四月革命で完全中断した。

【一九五九年】
◆二月一三日　日本政府、帰国事業問題で閣議了解
◆八月一三日　在日朝鮮人帰還協定調印
◆一二月一四日　帰国船第一便、新潟港を出港

【一九六〇年】
◆四月一九日　韓国で学生・市民による反政府デモに警官発砲、一八三人死亡
◆四月二六日　李承晩大統領、下野声明発表

第五次会談

（一九六〇年一〇月二五日〜一九六一年五月一五日）

【日本側代表】

首席代表・澤田廉三（前国連大使）
代表・平賀健太（法務省民事局長）
高瀬侍郎（法務省入国管理局長）
伊関佑二郎（外務省アジア局長）
中川融（外務省条約局長）
宇山厚（外務参事官）
卜部敏男（同）
西原直廉（大蔵省理財局長）
高橋泰彦（農林省水産庁次長）
朝田静夫（運輸省海運局長）

【韓国側代表】

首席代表・兪鎮午（高麗大学校総長）
次席代表・厳尭燮（駐日代表部公使）
代表・劉彰順（韓国銀行副総裁）
金潤根（弁護士）
李天祥（弁護士）
尹錫憲（外務部政務局長）
陳弼植（外務部通商局長）
文哲淳（駐日代表部参事官）
李相徳（韓国銀行国庫部長）
池鐵根（前海務庁水産局長）

【議題】

「在日韓国人」法的地位問題・請求権問題・漁業問題・船舶問題・文化財問題

【会談内容】

韓国側が提示した「韓日間財産及び請求権協定要綱」（いわゆる「対日請求八項目」）について項目別に討議。漁業問題では漁業資源論が討議された。一九六一年五月の韓国軍事クーデターにより中断した。

【一九六〇年】

◇六月二三日　新日米安全保障条約発効、岸信介首相引退表明
◇九月六日　日韓外相会談（小坂善太郎・鄭一永）

【一九六一年】

◇五月一六日　韓国で軍事クーデター発生

第六次会談

（一九六一年一〇月二〇日〜一九六四年六月三日）

【日本側代表】

首席代表・杉道助（日本貿易振興会理事長）
代表・平賀健太（法務省民事局長）
高瀬侍郎（法務省入国管理局長）
伊関佑二郎（外務省アジア局長）
後宮虎郎（同、伊関の後任）

【韓国側代表】

首席代表・裵義煥（元韓国銀行総裁）
次席代表・李東煥（駐日公使）
顧問・李漢基（国家再建最高会議議長顧問）
代表・金載元（国立博物館長）

【一九六一年】

◇一一月一二日　日韓首脳会談（池田勇人・朴正熙）

【一九六二年】

◇三月一二〜一七日　日韓外相会談（小坂善太郎・崔徳新）

中川融（外務省条約局長）
宇山厚（外務参事官）
卜部敏男（同）
宮川新一郎（大蔵省理財局長）
村田豊三（農林省水産庁次長）
辻章男（運輸省海運局長）

李弘稙（文教部文化財保存委員会委員・高麗大教授）
黄寿永（同・東国大教授）
池鐵根（大韓水産中央会顧問）
高範俊（韓国銀行副総裁）
李相徳（韓国銀行参事）
洪升熹（産業銀行理事）
金潤根（弁護士）
李大祥（同）
鄭泰燮（同）
鄭一永（外務部長官諮問委員）
全祥振（外務部政務局長）
李圭星（外務部通商局長）
崔英沢（駐日代表部参事官）
文哲淳（同）
朴東燮（財務部理財局長）
金命年（農林部水産局長）
尹基善（交通部海運局長）
文仁亀（ソウル地方検察庁部長検事）

◆一〇月二〇日・一一月一二日　大平正芳・金鍾泌会談

【一九六三年】

◆七月二六日・三〇日　日韓外相会談（大平正芳・金溶植）

【一九六四年】

◆三月一〇日・[illegible]日　日韓農相会談（赤城宗徳・元容奭）

◆六月三日　韓国で戒厳令発令

【議題】

「在日韓国人」法的地位問題・基本関係問題・請求権問題・漁業問題・船舶問題・文化財問題

【会談内容】

第五次会談に引き続き、韓国側の請求権について項目別に討議した。その後、予備折衝を経て、大平・金鍾泌合意により請求権問題が原則的に妥結した。漁業問題の焦点である専管水域について、日本側が一二海里、韓国側が四〇海里を主張した。

第七次会談

（一九六四年一二月三日～一九六五年六月二二日）

【日本側代表】

首席代表・杉道助（日本貿易振興会理事長）
高杉晋一（三菱電機相談役〈杉の後任〉）
次席代表・牛場信彦（外務審議官）
代表・平賀健太（法務省民事局長）
八木正男（法務部入国管理局長）
後宮虎郎（外務省アジア局長）
西山昭（外務省経済協力局長）
藤崎萬里（外務省条約局長）
針谷正之（外務省文化事業部長）
広瀬達夫（外務参事官）
吉岡英一（大蔵省理財局長）
宮地茂（文化財保護委員会事務局長）
和田正明（農林省水産庁次長）

【韓国側代表】

首席代表・金東祚（駐日大使）
代表・方熙（駐日代表部公使）
文哲淳（外務部企画管理室長）
延河亀（外務部亜州局長）
李圭星（駐日代表部参事官）
李坰鎬（法務部法務局長）
李鳳來（農林部水産局長）
金命年（同国立水産振興院院長）

【議題】

「在日韓国人」法的地位問題・基本関係問題・請求権問題・漁業問題・船舶問題・文化財問題

【会談内容】

一九六五年二月の日韓基本条約仮調印（ソウル）、四月の請求権、漁業、在日韓国人法的地位問題の合意内容仮調印（東京）を経て、六月に東京で日韓基本条約および四協定に調印した。一二月にソウルで批准書を交換した。

【一九六五年】

◇二月二〇日　日韓基本条約仮調印
◇四月三日　日韓、三懸案合意内容仮調印
◇六月二二日　日韓基本条約および四協定調印
◇八月一四日　韓国国会、日韓基本条約および諸協定を批准
◇一二月一一日　日本国会、四度の強行採決の末、日韓基本条約および諸協定を批准

※以下の文献を参考にして作成した。外務省外交史料館日本外交史辞典編集委員会『新版　日本外交史辞典』山川出版社、一九九二年／森田芳夫「日韓関係」（吉澤清次郎編『日本外交史（第二八巻　講和後の外交Ⅰ　対列国関係〔上〕』鹿島研究所出版会、一九七三年）／大韓民国政府『韓日会談白書』一九六五年／金東祚『回想三〇年　韓日会談』中央日報社、一九八六年

＊日韓基本条約（日本国と大韓民国との間の基本関係に関する条約）

〔前文〕

日本国及び大韓民国は、

両国民間の関係の歴史的背景と、善隣関係及び主権の相互尊重の原則に基づく両国間の関係の正常化に対する相互の希望とを考慮し、

両国の相互の福祉及び共通の利益の増進のため並びに国際の平和及び安全の維持のために、両国が国際連合憲章の原則に適合して緊密に協力することが重要であることを認め、

千九百五十一年九月八日にサン・フランシスコ市で署名された日本国との平和条約の関係規定及び千九百四十八年十二月十二日に国際連合総会で採択された決議第百九十五号（Ⅲ）を想起し、

この基本関係に関する条約を締結することに決定し、よつて、その全権委員として次のとおり任命した。

日本国

日本国外務大臣　椎名悦三郎

高杉晋一

大韓民国

大韓民国外務部長官　李東元

大韓民国特命全権大使　金東祚

これらの全権委員は、互いにその全権委任状を示し、それが良好妥当であると認められた後、次の諸条を協定した。

〔第一条〕

両締約国間に外交及び領事関係が開設される。両締約国は、大使の資格を有する外交使節を遅滞なく交換するものとする。また、両締約国は、両国政府により合意される場所に領事館を設置する。

〔第二条〕

千九百十年八月二十二日以前に大日本帝国と大韓帝国との間で締結されたすべての条約及び協定は、もはや無効であることが確認される。

〔第三条〕

大韓民国政府は、国際連合総会決議第百九十五号（Ⅲ）に明らかに示されているとおりの朝鮮にある唯一の合法的な政府であることが確認される。

〔第四条〕

(a) 両締約国は、相互の関係において、国際連合憲章の原則を指針とするものとする。

(b) 両締約国は、その相互の福祉及び共通の利益を増進するに当たつて、国際連合憲章の原則に適合して協力するものとする。

〔第五条〕

両締約国は、その貿易、海運その他の通商の関係を安定した、かつ、友好的な基礎の上に置くために、条約又は協定を締結するための交渉を実行可能な限りすみやかに開始するものとする。

〔第六条〕

両締約国は、民間航空運送に関する協定を締結するための交渉を実行可能な限りすみやかに開始するものとする。

〔第七条〕

この条約は、批准されなければならない。批准書は、できる限りすみやかにソウルで交換されるものとする。この条件は、批准書の交換の日に効力を生ずる。

以上の証拠として、それぞれの全権委員は、この条約に署名調印した。

千九百六十五年六月二十二日に東京で、ひとしく正文である日本語、韓国語及び英語により本書二通を作成した。解釈に相違がある場合には、英語の本文による。

日本国のために
椎名悦三郎
高杉晋一

大韓民国のために
李東元
金東祚

✴日韓請求権協定（財産及び請求権に関する問題の解決並びに経済協力に関する日本国と大韓民国との間の協定）

〔前文〕

日本国及び大韓民国は、

両国及びその国民の財産並びに両国及びその国民の間の請求権に関する問題を解決することを希望し、

両国間の経済協力を増進することを希望して、

次のとおり協定した。

〔第一条〕

1　日本国は、大韓民国に対し、

(a)　現在において千八十億円（一〇八、〇〇〇、〇〇〇、〇〇〇円）に換算される三億合衆国ドル（三〇〇、〇〇〇、〇〇〇ドル）に等しい円の価値を有する日本国の生産物及び日本人の役務を、この協定の効力発生の日から十年の期間にわたつて無償で供与するものとする。各年における生産物及び役務の供与は、現在において百八億円（一〇、八〇〇、〇〇〇、〇〇〇円）に換算される三千万合衆国ドル（三〇、〇〇〇、〇〇〇ドル）に等しい円の額を限度とし、各年における供与がこの額に達しなかつたときは、その残額は、次年以降の供与額に加算されるものとする。ただし、各年の供与の限度額は、両締約国政府の合意により増額されることができる。

(b)　現在において七百二十億円（七二、〇〇〇、〇〇〇、〇〇〇円）に換算される二億合衆国ドル（二〇〇、〇〇〇、〇〇〇ドル）に等しい円の額に達するまでの長期低利の貸付けで、大韓民国政府が要請し、かつ、3の規定に基づいて締結される取極に従つて決定される事業の実施に必要な日本国の生産物及び日本人の役務の大韓民国による調達に充てられるものをこの協定の効力発生の日から十年の期間にわたつて行なうものとする。この貸付けは、日本国の海外経済協力基金により行なわれるものとし、日本国政府は、同基金がこの貸付けを各年において均等に行ないうるために必要とする資金を確保することができるように、必要な措置を執るものとする。

前記の供与及び貸付けは、大韓民国の経済の発展に役立つものでなければならない。

2　両締約国政府は、この条の規定の実施に関する事項について勧告を行なう権限を有する両政府間の協議機関として、両政府の代表者で構成される合同委員会を設置する。

3　両締約国政府は、この条の規定の実施のため、必要な取極を締結するものとする。

〔第二条〕

1　両締約国は、両締約国及びその国民（法人を含む。）の財産、権利及び利益並びに両締約国及びその国民の間の請求権に関する問題が、千九百五十一年九月八日にサン・フランシスコ市で署名された日本国との平和条約第四条（a）に規定されたものを含めて、完全かつ最終的に解決されたこととなることを確認する。

2　この条の規定は、次のもの（この協定の署名の日までにそれぞれの締約国が執つた特別の措置の対象となつたものを除く。）に影響を及ぼすものではない。

(a)　一方の締約国の国民で千九百四十七年八月十五日からこの協定の署名の日までの間に他方の締約国に居住したことがあるものの財産、権利及び利益

(b)　一方の締約国及びその国民の財産、権利及び利益であつて千九百四十五年八月十五日以後における通常の接触の過程において取得され又は他方の締約国の管轄の下にはいつたもの

3　2の規定に従うことを条件として、一方の締約国及びその国民の財産、権利及び利益であつてこの協定の署名の日に他方の締約国の管轄の下にあるものに対する措置並びに一方の締約国及びその国民の他方の締約国及びその国民に対するすべての請求権であつて同日以前に生じた事由に基づくものに関しては、いかなる主張もすることができないものとする。

〔第三条〕

1　この協定の解釈及び実施に関する両締約国の紛争は、まず、外交上の経路を通じて解決するものとする。

2　1の規定により解決することができなかつた紛争は、いずれか一方の締約国の政府が他方の締約

国の政府から紛争の仲裁を要請する公文を受領した日から三十日の期間内に各締約国政府が任命する各一人の仲裁委員と、こうして選定された二人の仲裁委員が当該期間の後の三十日の期間内に合意する第三の仲裁委員又は当該期間内にその二人の仲裁委員が合意する第三国の政府が指名する第三の仲裁委員との三人の仲裁委員からなる仲裁委員会に決定のため付託するものとする。ただし、第三の仲裁委員は、両締約国のうちいずれかの国民であつてはならない。

3　いずれか一方の締約国の政府が当該期間内に仲裁委員を任命しなかつたとき、又は第三の仲裁委員若しくは第三国について当該期間内に合意されなかつたときは、仲裁委員会は、両締約国政府のそれぞれが三十日の期間内に選定する国の政府が指名する各一人の仲裁委員とそれらの政府が協議により決定する第三国の政府が指名する第三の仲裁委員をもつて構成されるものとする。

4　両締約国政府は、この条の規定に基づく仲裁委員会の決定に服するものとする。

〔第四条〕

この協定は、批准されなければならない。批准書は、できる限りすみやかにソウルで交換されるものとする。この協定は、批准書の交換の日に効力を生ずる。

以上の証拠として、下名は、各自の政府からこのために正当な委任を受け、この協定に署名した。

千九百六十五年六月二十二日に東京で、ひとしく正文である日本語及び韓国語により本書二通を作成した。

日本国のために
椎名悦三郎
高杉晋一

大韓民国のために
李東元
金東祚

✴日韓請求権協定第二条に関する合意議事録

(a)「財産、権利及び利益」とは、法律上の根拠に基づき財産的価値を認められるすべての種類の実体的権利をいうことが了解された。

(b)「特別の措置」とは、日本国については、第二次世界大戦の戦闘状態の終結の結果として生じた事態に対処して、千九百四十五年八月十五日以後日本国において執られた戦後処理のためのすべての措置(千九百五十一年九月八日にサン・フランシスコ市で署名された日本国との平和条約第四条(a)の規定に基づく特別取極を考慮して執られた措置を含む。)をいうことが了解された。

(c)「居住した」とは、同条2(a)に掲げる期間内のいずれかの時までその国に引き続き一年以上在住したことをいうことが了解された。

(d)「通常の接触」には、第二次世界大戦の戦闘状態の終結の結果として一方の国の国民で他方の国から引き揚げたもの(支店閉鎖を行なつた法人を含む。)の引揚げの時までの間の他方の国の国民との取引等、終戦後に生じた特殊な状態の下における接触を含まないことが了解された。

(e)同条3により執られる措置は、同条1にいう両国及びその国民の財産、権利及び利益並びに両国及びその国民の間の請求権に関する問題の解決のために執られるべきそれぞれの国の国内措置をいうことに意見の一致をみた。

(f)韓国側代表は、第二次世界大戦の戦闘状態の終結後千九百四十七年八月十五日前に帰国した韓国国民が日本国において所有する不動産について慎重な考慮が払われるよう希望を表明し、日本側代表は、これに対して、慎重に検討する旨を答えた。

(g)同条1にいう完全かつ最終的に解決されたこととなる両国及びその国民の財産、権利及び利益並びに両国及びその国民の間の請求権に関する問題には、日韓会談において韓国側から提出された「韓国の対日請求要綱」(いわゆる八項目)の範囲に属するすべての請求が含まれており、したがつて、同対日請求要綱に関しては、いかなる主張もなしえないこととなることが確認された。

(h)同条1にいう完全かつ最終的に解決されたこととなる両国及びその国民の財産、権利及び利益並びに両国及びその国民の間の請求権に関する問題には、この協定の署名の日までに大韓民国による日本漁船のだ捕から生じたすべての請求権が含まれており、したがつて、それらのすべての請求権は、大韓民国政府に対して主張しえないこととなることが確認された。

＊「在日韓国人」法的地位協定（日本国に居住する大韓民国国民の法的地位及び待遇に関する日本国と大韓民国との間の協定）

〔前文〕

日本国及び大韓民国は、

多年の間日本国に居住している大韓民国国民が日本国の社会と特別な関係を有するに至つていることを考慮し、

これらの大韓民国国民が日本国の社会秩序の下で安定した生活を営むことができるようにすることが、両国間及び両国民間の友好関係の増進に寄与することを認めて、

次のとおり協定した。

〔第一条〕

1　日本国政府は、次のいずれかに該当する大韓民国国民が、この協定の実施のため日本国政府の定める手続に従い、この協定の効力発生の日から五年以内に永住許可の申請をしたときは、日本国で永住することを許可する。

(a)　千九百四十五年八月十五日以前から申請の時まで引き続き日本国に居住している者

(b)　(a)に該当する者の直系卑属として千九百四十五年八月十六日以後この協定の効力発生の日から五年以内に日本国で出生し、その後申請の時まで引き続き日本国に居住している者

2　日本国政府は、1の規定に従い日本国で永住することを許可されている者の子としてこの協定の効力発生の日から五年を経過した後に日本国で出生した大韓民国国民が、この協定の実施のため日本国政府の定める手続に従い、その出生の日から六十日以内に永住許可の申請をしたときは、日本国で永住することを許可する。

3　1(b)に該当する者でこの協定の効力発生の日から四年十箇月を経過した後に出生したものの永住

許可の申請期限は、1の規定にかかわらず、その出生の日から六十日までとする。

4　前記の申請及び許可については、手数料は、徴収されない。

〔第二条〕

1　日本国政府は、第一条の規定に従い日本国で永住することを許可されている者の直系卑属として日本国で出生した大韓民国国民の日本国における居住については、大韓民国政府の要請があれば、この協定の効力発生の日から二十五年を経過するまでは協議を行なうことに同意する。

2　1の協議に当たつては、この協定の基礎となつている精神及び目的が尊重されるものとする。

〔第三条〕

第一条の規定に従い日本国で永住することを許可されている大韓民国国民は、この協定の効力発生の日以後の行為により次のいずれかに該当することとなつた場合を除くほか、日本国からの退去を強制されない。

(a)　日本国において内乱に関する罪又は外患に関する罪により禁錮《こ》以上の刑に処せられた者（執行猶予の言渡しを受けた者及び内乱に附和随行したことにより刑に処せられた者を除く。）

(b)　日本国において国交に関する罪により禁錮《こ》以上の刑に処せられた者及び外国の元首、外交使節又はその公館に対する犯罪行為により禁錮《こ》以上の刑に処せられ、日本国の外交上の重大な利益を害した者

(c)　営利の目的をもつて麻薬類の取締りに関する日本国の法令に違反して無期又は三年以上の懲役又は禁錮《こ》に処せられた者（執行猶予の言渡しを受けた者を除く。）及び麻薬類の取締りに関する日本国の法令に違反して三回（ただし、この協定の効力発生の日の前の行為により三回以上刑に処せられた者については二回）以上刑に処せられた者

(d)　日本国の法令に違反して無期又は七年をこえる懲役又は禁錮《こ》に処せられた者

〔第四条〕

日本国政府は、次に掲げる事項について、妥当な考慮を払うものとする。

(a)　第一条の規定に従い日本で永住することを許可されている大韓民国国民に対する日本国における

教育、生活保護及び国民健康保険に関する事項

(b) 第一条の規定に従い日本国で永住することを許可されている大韓民国国民（同条の規定に従い永住許可の申請をする資格を有している者を含む。）が日本国で永住する意思を放棄して大韓民国に帰国する場合における財産の携行及び資金の大韓民国への送金に関する事項

〔第五条〕

第一条の規定に従い日本国で永住することを許可されている大韓民国国民は、出入国及び居住を含むすべての事項に関し、この協定で特に定める場合を除くほか、すべての外国人に同様に適用される日本国の法令の適用を受けることが確認される。

〔第六条〕

この協定は、批准されなければならない。批准書は、できる限りすみやかにソウルで交換されるものとする。この協定は、批准書の交換の日の後三十日で効力を生ずる。

以上の証拠として、下名は、各自の政府からこのために正当な委任を受け、この協定に署名した。

千九百六十五年六月二十二日に東京で、ひとしく正文である日本語及び韓国語により本書二通を作成した。

日本国のために
椎名悦三郎
高杉晋一

大韓民国のために
李東元
金東祚

✴日韓文化財協定（文化財及び文化協力に関する日本国と大韓民国との間の協定）

〔前文〕

日本国及び大韓民国は、
両国の文化における歴史的な関係にかんがみ、
両国の学術及び文化の発展並びに研究に寄与することを希望して、

次のとおり協定した。

〔第一条〕

日本国政府及び大韓民国政府は、両国民間の文化関係を増進させるためできる限り協力を行なうものとする。

〔第二条〕

日本国政府は、附属書に掲げる文化財を両国政府間で合意する手続に従つてこの協定の効力発生後六箇月以内に大韓民国政府に対して引き渡すものとする。

〔第三条〕

日本国政府及び大韓民国政府は、それぞれ自国の美術館、博物館、図書館その他学術及び文化に関する施設が保有する文化財について他方の国の国民に研究する機会を与えるため、できる限り便宜を与えるものとする。

〔第四条〕

この協定は、批准されなければならない。批准書は、できる限りすみやかにソウルで交換されるものとする。この協定は、批准書の交換の日に効力を生ずる。

以上の証拠として、下名は、各自の政府からこのために正当な委任を受け、この協定に署名した。

千九百六十五年六月二十二日に東京で、ひとしく正文である日本語及び韓国語により本書二通を作成した。

日本国のために

椎名悦三郎

高杉晋一

大韓民国のために

李東元

金東祚

✴日韓漁業協定（日本国と大韓民国との間の漁業に関する協定）

〔前文〕

日本国及び大韓民国は、

両国が共通の関心を有する水域における漁業資源の最大の持続的生産性が維持されるべきことを希望し、

前記の資源の保存及びその合理的開発と発展を図ることが両国の利益に役立つことを確信し、

公海自由の原則がこの協定に特別の規定がある場合を除くほかは尊重されるべきことを確認し、

両国の地理的近接性と両国の漁業の交錯から生ずることのある紛争の原因を除去することが望ましいことを認め、

両国の漁業の発展のため相互に協力することを希望して、

次のとおり協定した。

〔第一条〕

1　両締約国は、それぞれの締約国が自国の沿岸の基線から測定して十二海里までの水域を自国が漁業に関して排他的管轄権を行使する水域（以下「漁業に関する水域」という。）として設定する権利を有することを相互に認める。ただし、一方の締約国がこの漁業に関する水域の設定に際し直線基線を使用する場合には、その直線基線は、他方の締約国と協議の上決定するものとする。

2　両締約国は、一方の締約国が自国の漁業に関する水域において他方の締約国の漁船が漁業に従事することを排除することについて、相互に異議を申し立てない。

3　両締約国の漁業に関する水域が重複する部分については、その部分の最大の幅を示す直線を二等分する点とその重複する部分が終わる二点とをそれぞれ結ぶ直線により二分する。

〔第二条〕

両締約国は、次の各線により囲まれる水域（領海及び大韓民国の漁業に関する水域を除く。）を共同規制水域として設定する。

(a)　北緯三十七度三十分以北の東経百二十四度の経線

(b)　次の各点を順次に結ぶ線

(i)　北緯三十七度三十分と東経百二十四度との交点

(ii) 北緯三十六度四十五分と東経百二十四度三十分との交点

(iii) 北緯三十三度三十分と東経百二十四度三十分との交点

(iv) 北緯三十二度三十分と東経百二十六度との交点

(v) 北緯三十二度三十分と東経百二十七度との交点

(vi) 北緯三十四度三十四分三十秒と東経百二十九度二分五十秒との交点

(vii) 北緯三十四度四十四分十秒と東経百二十九度八分との交点

(viii) 北緯三十四度五十分と東経百二十九度十四分との交点

(ix) 北緯三十五度三十分と東経百三十度との交点

(x) 北緯三十七度三十分と東経百三十一度十分との交点

(xi) 牛岩嶺高頂

〔第三条〕

両締約国は、共同規制水域においては、漁業資源の最大の持続的生産性を確保するために必要とされる保存措置が十分な科学的調査に基づいて実施されるまでの間、底びき網漁業、まき網漁業及び六十トン以上の漁船によるさばつり漁業について、この協定の不可分の一部をなす附属書に掲げる暫定的漁業規制措置を実施する。（トンとは、総トン数によるものとし、船内居住区改善のための許容トン数を差し引いたトン数により表示する。）

〔第四条〕

1　漁業に関する水域の外側における取締り（停船及び臨検を含む。）及び裁判管轄権は、漁船の属する締約国のみが行ない、及び行使する。

2　いずれの締約国も、その国民及び漁船が暫定的漁業規制措置を誠実に遵守することを確保するため適切な指導及び監督を行ない、違反に対する適当な罰則を含む国内措置を実施する。

〔第五条〕

共同規制水域の外側に共同資源調査水域が設定される。その水域の範囲及びその水域内で行なわれる調査については、第六条に定める漁業共同委員会が行なうべき勧告に基づき、両締約国間の協議の上決定される。

〔第六条〕

1　両締約国は、この協定の目的を達成するため、日韓漁業共同委員会（以下「委員会」という。）を設置し、及び維持する。
2　委員会は、二の国別委員部で構成し、各国別委員部は、それぞれの締約国の政府が任命する三人の委員で構成する。
3　委員会のすべての決議、勧告その他の決定は、国別委員部の間の合意によつてのみ行なうものとする。
4　委員会は、その会議の運営に関する規則を決定し、必要があるときは、これを修正することができる。
5　委員会は、毎年少なくとも一回会合し、また、そのほかに一方の国別委員部の要請により会合することができる。第一回会議の期日及び場所は、両締約国の間の合意で決定する。
6　委員会は、その第一回会議において、議長及び副議長を異なる国別委員部から選定する。議長及び副議長の任期は、一年とする。国別委員部からの議長及び副議長の選定は、各年においてそれぞれの締約国がそれらの地位に順番に代表されるように行なうものとする。
7　委員会の下に、その事務を遂行するため常設の事務局が設置される。
8　委員会の公用語は、日本語及び韓国語とする。提案及び資料は、いずれの公用語によつても提出することができ、また、必要に応じ、英語によつても提出することができる。
9　委員会がその共同の経費を必要と認めたときは、委員会が勧告し、かつ、両締約国が承認する形式及び割合において両締約国が負担する分担金により、委員会が支払うものとする。
10　委員会は、その共同の経費のための資金の支出を委任することができる。

〔第七条〕

1　委員会は、次の任務を遂行する。
(a)　両締約国が共通の関心を有する水域における漁業資源の研究のため行なう科学的調査について、並びにその調査及び研究の結果に基づき執られるべき共同規制水域内における規制措置について両締約国に勧告する。
(b)　共同資源調査水域の範囲について両締約国に

勧告する。

(c) 必要に応じ、暫定的漁業規制措置に関する事項につき検討し、及びその結果に基づき執られるべき措置（当該規制措置の修正を含む。）について両締約国に勧告する。

(d) 両締約国の漁船間の操業の安全及び秩序に関する必要な事項並びに海上における両締約国の漁船間の事故に対する一般的な取扱方針につき検討し、並びにその結果に基づき執られるべき措置について両締約国に勧告する。

(e) 委員会の要請に基づいて両締約国が提供すべき資料、統計及び記録を編集し、及び研究する。

(f) この協定の違反に関する同等の刑の細目の制定について審議し、及び両締約国に勧告する。

(g) 毎年委員会の事業報告を両締約国に提出する。

(h) そのほか、この協定の実施に伴う技術的な諸問題につき検討し、必要と認めるときは、執られるべき措置について両締約国に勧告する。

2　委員会は、その任務を遂行するため、必要に応じ、専門家をもつて構成される下部機構を設置することができる。

3　両締約国政府は、1の規定に基づき行なわれた委員会の勧告をできる限り尊重するものとする。

〔第八条〕

1　両締約国は、それぞれ自国の国民及び漁船に対し、航行に関する国際慣行を遵守させるため、両締約国の漁船間の操業の安全を図り、かつ、その正常な秩序を維持するため、及び海上における両締約国の漁船間の事故の円滑かつ迅速な解決を図るために適切と認める措置を執るものとする。

2　1に掲げる目的のため、両締約国の関係当局は、できる限り相互に密接に連絡し、協力するものとする。

〔第九条〕

1　この協定の解釈及び実施に関する両締約国間の紛争は、まず、外交上の経路を通じて解決するものとする。

2　1の規定により解決することができなかつた紛争は、いずれか一方の締約国の政府が他方の締約国の政府から紛争の仲裁を要請する公文を受領した日から三十日の期間内に各締約国政府が任命する各一人の仲裁委員と、こうして選定された二人の仲裁委員が当該期間の後の三十日の期間内に合意する第三の仲裁委員又は当該期間内にその二人の仲裁委員が合意する第三国の政府が指名する第三の仲裁委員との三人の仲裁委員からなる仲裁委員会に決定のため付託するものとする。ただし、第三の仲裁委員は、両締約国のうちいずれかの国民であつてはならない。

3　いずれか一方の締約国の政府が当該期間内に仲裁委員を任命しなかつたとき、又は第三の仲裁委員若しくは第三国について当該期間内に合意されなかつたときは、仲裁委員会は、両締約国政府のそれぞれが三十日の期間内に選定する国の政府が指名する各一人の仲裁委員とそれらの政府が協議により決定する第三国の政府が指名する第三の仲裁委員をもつて構成されるものとする。

4　両締約国政府は、この条の規定に基づく仲裁委員会の決定に服するものとする。

〔第十条〕

1　この協定は、批准されなければならない。批准書は、できる限りすみやかにソウルで交換されるものとする。この協定は、批准書の交換の日に効力を生ずる。

2　この協定は、五年間効力を存続し、その後は、いずれか一方の締約国が他方の締約国にこの協定を終了させる意思を通告する日から一年間効力を存続する。

以上の証拠として、下名は、各自の政府からこのために正当な委任を受け、この協定に署名した。

千九百六十五年六月二十二日に東京で、ひとしく正文である日本語及び韓国語により本書二通を作成した。

日本国のために

椎名悦三郎

高杉晋一

大韓民国のために

李東元

金東祚

＊日本国と大韓民国との間の紛争の解決に関する交換公文

〔韓国側書簡〕

書簡をもつて啓上いたします。本長官は、両国政府の代表の間で到達された次の了解を確認する光栄を有します。

両国政府は、別段の合意がある場合を除くほか、両国間の紛争は、まず、外交上の経路を通じて解決するものとし、これにより解決することができなかつた場合は、両国政府が合意する手続に従い、調停によつて解決を図るものとする。

本長官は、さらに、閣下が前記の了解を日本国政府に代わつて確認されることを希望する光栄を有します。

以上を申し進めるに際し、本長官は、ここに重ねて閣下に向かつて敬意を表します。

千九百六十五年六月二十二日

外務部長官　李東元

日本国外務大臣　椎名悦三郎閣下

〔日本側書簡〕

書簡をもつて啓上いたします。本大臣は、本日付けの閣下の次の書簡を受領したことを確認する光栄を有します。

本長官は、両国政府の代表の間で到達された次の了解を確認する光栄を有します。

両国政府は、別段の合意がある場合を除くほか、両国間の紛争は、まず、外交上の経路を通じて解決するものとし、これにより解決することができなかつた場合は、両国政府が合意する手続に従い、調停によつて解決を図るものとする。

本長官は、さらに、閣下が前記の了解を日本国政府に代わつて確認されることを希望する光栄を有します。

本大臣は、さらに、前記の了解を日本国政府に代わつて確認する光栄を有します。

以上を申し進めるに際し、本大臣は、ここに重ねて閣下に向かつて敬意を表します。

千九百六十五年六月二十二日

日本国外務大臣　椎名悦三郎

大韓民国外務部長官　李東元閣下

✴対日講和条約（日本国との平和条約）

※本書関連条項のみ抜粋

〔第二条〕

(a) 日本国は、朝鮮の独立を承認して、済州島、巨文島及び欝陵島を含む朝鮮に対するすべての権利、権原及び請求権を放棄する。

(b) 日本国は、台湾及び澎湖諸島に対するすべての権利、権原及び請求権を放棄する。

(c) 日本国は、千島列島並びに日本国が千九百五年九月五日のポーツマス条約の結果として主権を獲得した樺太の一部及びこれに近接する諸島に対するすべての権利、権原及び請求権を放棄する。

(d) 日本国は、国際連盟の委任統治制度に関連するすべての権利、権原及び請求権を放棄し、且つ、以前に日本国の委任統治の下にあつた太平洋の諸島に信託統治制度を及ぼす千九百四十七年四月二日の国際連合安全保障理事会の行動を受諾する。

(e) 日本国は、日本国民の活動に由来するか又は他に由来するかを問わず、南極地域のいずれの部分に対する権利若しくは権原又はいずれの部分に関する利益についても、すべての請求権を放棄する。

(f) 日本国は、新南群島及び西沙群島に対するすべての権利、権原及び請求権を放棄する。

〔第四条〕

(a) この条の(b)の規定を留保して、日本国及びその国民の財産で第二条に掲げる地域にあるもの並びに日本国及びその国民の請求権（債権を含む。）で現にこれらの地域の施政を行つている当局及びそこの住民（法人を含む。）に対するものの処理並びに日本国におけるこれらの当局及び住民の財産並びに日本国及びその国民に対するこれらの当局及び住民の請求権（債権を含む。）の処理は、日本国とこれらの当局との間の特別取極の主題とする。第二条に掲げる地域にある連合国又はその国民の財産は、まだ返還されていない限り、施政を行つている当局が現状で返還しなければならない。（国民という語は、この条約で用いるときはいつでも、法人を含む。）

(b) 日本国は、第二条及び第三条に掲げる地域のいずれかにある合衆国軍政府により、又はその指令に従つて行われた日本国及びその国民の財産の処理の効力を承認する。

(c) 日本国とこの条約に従つて日本国の支配から除かれる領域とを結ぶ日本所有の海底電線は、二等分され、日本国は、日本の終点施設及びこれに連なる電線の半分を保有し、分離される領域は、残りの電線及びその終点施設を保有する。

〔第十四条〕

(a) 日本国は、戦争中に生じさせた損害及び苦痛に対して、連合国に賠償を支払うべきことが承認される。しかし、また、存立可能な経済を維持すべきものとすれば、日本国の資源は、日本国がすべての前記の損害又は苦痛に対して完全な賠償を行い且つ同時に他の債務を履行するためには現在充分でないことが承認される。

よつて、

1 日本国は、現在の領域が日本国軍隊によつて占領され、且つ、日本国によつて損害を与えられた連合国が希望するときは、生産、沈船引揚げその他の作業における日本人の役務を当該連合国の利用に供することによつて、与えた損害を修復する費用をこれらの国に補償することに資するために、当該連合国とすみやかに交渉を開始するものとする。その取極は、他の連合国に追加負担を課することを避けなければならない。また、原材料からの製造が必要とされる場合には、外国為替上の負担を日本国に課さないために、原材料は、当該連合国が供給しなければならない。

2 (I) 次の(II)の規定を留保して、各連合国は、次に掲げるもののすべての財産、権利及び利益でこの条約の最初の効力発生の時にその管轄の下にあるものを差し押え、留置し、清算し、その他何らかの方法で処分する権利を有する。

(a) 日本国及び日本国民

(b) 日本国又は日本国民の代理者又は代行者並びに

(c) 日本国又は日本国民が所有し、又は支配した団体

この(I)に明記する財産、権利及び利益は、現に、封鎖され、若しくは所属を変じており、又は連合国の敵産管理当局の占有若しくは管

理に係るもので、これらの資産が当該当局の管理の下におかれた時に前記の(a)、(b)又は(c)に掲げるいずれかの人又は団体に属し、又はこれらのために保有され、若しくは管理されていたものを含む。

(II) 次のものは、前記の(I)に明記する権利から除く。

(i) 日本国が占領した領域以外の連合国の一国の領域に当該政府の許可を得て戦争中に居住した日本の自然人の財産。但し、戦争中に制限を課され、且つ、この条約の最初の効力発生の日にこの制限を解除されない財産を除く。

(ii) 日本国政府が所有し、且つ、外交目的又は領事目的に使用されたすべての不動産、家具及び備品並びに日本国の外交職員又は領事職員が所有したすべての個人の家具及び用具類その他の投資的性質をもたない私有財産で外交機能又は領事機能の遂行に通常必要であつたもの

(iii) 宗教団体又は私的慈善団体に属し、且つ、もつぱら宗教又は慈善の目的に使用した財産

(iv) 関係国と日本国との間における千九百四十五年九月二日後の貿易及び金融の関係の再開の結果として日本国の管轄内にはいつた財産、権利及び利益。但し、当該連合国の法律に反する取引から生じたものを除く。

(v) 日本国若しくは日本国民の債務、日本国に所在する有体財産に関する権利、権原若しくは利益、日本国の法律に基いて組織された企業に関する利益又はこれらについての証書。但し、この例外は、日本国の通貨で表示された日本国及びその国民の債務にのみ適用する。

(III) 前記の例外(i)から(v)までに掲げる財産は、その保存及び管理のために要した合理的な費用が支払われることを条件として、返還しなければならない。これらの財産が清算されているときは、代りに売得金を返還しなければならない。

（Ⅳ）前記の(Ⅰ)に規定する日本財産を差し押え、留置し、清算し、その他何らの方法で処分する権利は、当該連合国の法律に従つて行使され、所有者は、これらの法律によつて与えられる権利のみを有する。

（Ⅴ）連合国は、日本の商標並びに文学的及び美術的著作権を各国の一般的事情が許す限り日本国に有利に取り扱うことに同意する。

(b) この条約に別段の定がある場合を除き、連合国は、連合国のすべての賠償請求権、戦争の遂行中に日本国及びその国民がとつた行動から生じた連合国及びその国民の他の請求権並びに占領の直接軍事費に関する連合国の請求権を放棄する。

＊日韓共同宣言（日韓全面会談再開に関する共同発表）

昭和三十二年十二月三十一日に日本国藤山外務大臣と在本邦大韓民国代表部代表金裕沢大使との間で行われた会談において、日本国政府が、第二次世界大戦の終了前から日本国に引き続き居住している韓人で日本国の入国者収容所に収容されているものを釈放すること及び大韓民国政府が、韓国の外国人収容所に収容されている日本人漁夫を送還し、かつ、第二次世界大戦後の韓人不法入国者の送還を受け入れることが合意された。

同時に、日本国政府は、大韓民国政府に対し、日本国政府が、昭和二十八年十月十五日に久保田貫一郎日本側首席代表が行つた発言を撤回し、かつ、昭和三十二年十二月三十一日付の合衆国政府の見解の表明を基礎として、昭和二十七年三月六日に日本国と大韓民国との間の会談において日本側代表が行つた在韓財産に対する請求権主張を撤回することを通告した。

その結果、日本国と大韓民国との間の全面会談は、東京で昭和三十三年三月一日に再開されることが合意された。

＊一九五一年一〇月四日公布の出入国管理令第二四条第一項第四号に列挙された退去強制事由

イ　旅券に記載された在留資格の変更を受けないで当該在留資格以外の在留資格に属する者の行うべき活動をもつぱら行つていると明らかに認められる者

ロ　旅券に記載された在留期間を経過して本邦に残留する者

ハ　癩予防法の適用を受けている癩患者

ニ　精神衛生法に定める精神障害者で同法に定める精神病院又は指定病院に収容されているもの

ホ　貧困者、放浪者、身体障害者等で生活上国又は地方公共団体の負担になつているもの

ヘ　外国人登録令の規定に違反して禁こ以上の刑に処せられた者。但し、執行猶予の言渡を受けた者を除く。

ト　少年法（昭和二十三年法律第百六十八号）に規定する少年でこの政令施行後に長期三年をこえる懲役又は禁こに処せられたもの

チ　この政令施行後に麻薬取締法、大麻取締法又は刑法（明治四十年法律第四十五号）第十四章の規定に違反して有罪の判決を受けた者

リ　へからチまでに規定する者を除く外、この政令施行後に無期又は一年をこえる懲役若しくは禁こに処せられた者。但し、執行猶予の言渡を受けた者を除く

ヌ　売いん又はそのあつ旋、勧誘、その場所の提供その他売いんに直接に関係がある業務に従事する者

ル　他の外国人が不法に本邦に入り、又は上陸することをあおり、そそのかし、又は助けた者

オ　日本国憲法又はその下に成立した政府を暴力で破壊することを企て、若しくは主張し、又はこれを企て若しくは主張する政党その他の団体を結成し、若しくはこれに加入している者

ワ　左に掲げる政党その他の団体を結成し、若しくはこれに加入し、又はこれと密接な関係を有する者

(1)　公務員であるという理由に因り、公務員に暴行を加え、又は公務員を殺傷することを勧

奨する政党その他の団体
(2) 公共の施設を不法に損傷し、又は破壊することを勧奨する政党その他の団体
(3) 工場事業場における安全保持の施設の正常な維持又は運行を停廃し、又は妨げるような争議行為を勧奨する政党その他の団体
カ オ又はワに規定する政党その他の団体の目的を達するため、印刷物、映画その他の文書図画を作成し、頒布し、又は展示した者
ヨ イからカまでに掲げる者を除く外、外務大臣が日本国の利益又は公安を害する行為を行ったと認定する者

◆参考文献

【第Ⅰ章】

太田修「大韓民国樹立と日本—日韓通商交渉の分析を中心に」（『朝鮮学報』第一七三号、一九九九年）

李鍾元「戦後米国の極東政策と韓国の脱植民地化」（『近代日本と植民地8　アジアの冷戦と脱植民地化』岩波書店、一九九三年）

在外財産調査会編『日本人の海外活動に関する歴史的調査』総目録、一九五〇年

賠償問題研究会編『日本の賠償—その現状と問題点』外交時報社、一九五九年

장박진『식민지 관계 청산은 왜 이루어질 수 없었는가』논형、二〇〇九년（張博珍『植民地関係清算はなぜ実現できなかったのか』論衡、二〇〇九年、ソウル）

金昌祿「韓国における韓日過去清算訴訟」（『立命館国際地域研究』第二六号、二〇〇八年）

【第Ⅱ章】

장박진「한일회담에서의 기본관계조약 형성과정의 분석 : 제2조『구조약 무효조항』및 제3조『유일합법성 조항』을 중심으로」（『국제・지역연구』17권2호、二〇〇八년）（張博珍「韓日会談における基本条約形成過程の分析：第二条『旧条約無効条項』及び第三条『唯一合法性条項』を中心に」〈『国際・地域研究』第一七巻第二号、二〇〇八年、ソウル〉）

【第Ⅲ章】

太田修『日韓交渉—請求権問題の研究』クレイン、二〇〇三年。

吉澤文寿『戦後日韓関係―国交正常化交渉をめぐって』クレイン、二〇〇五年
山田昭次「日韓条約の今日の問題点」（『世界』第五六七号、一九九二年）
金恩貞「日韓国交正常化交渉における日本政府の政策論理の原点：『対韓請求権論理』の形成を中心に」（『季刊国際政治』第一七二号、二〇一三年）
道場親信「『戦後開拓』再考―『引揚げ』以後の『非／国民』たち」（『歴史学研究』第八四六号、二〇〇八年）

【第Ⅳ章】

松本邦彦「在日朝鮮人の日本国籍剥奪―日本政府による平和条約対策研究の検討」（『法学』〈東北大学法学会〉第五二巻第四号、一九八八年）
文京洙『在日朝鮮人問題の起源』クレイン、二〇〇七年
金太基『戦後日本政治と在日朝鮮人問題　ＳＣＡＰの対在日朝鮮人政策一九四五―一九五二年』勁草書房、一九九七年
李洋秀「韓国側文書に見る日韓国交正常化交渉　第三回　在日韓国人の国籍」（『季刊　戦争責任研究』第五五号、二〇〇七年）
テッサ・モーリス―スズキ『北朝鮮へのエクソダス　「帰国事業」の影をたどる』朝日新聞社、二〇〇七年
田中宏『在日外国人　第三版―法の壁、心の溝』岩波書店、二〇一三年
金鉉洙「日韓会談における韓国政府の在日朝鮮人認識―『無自覚的な棄民』から『自覚的な棄民』へ」（『朝鮮史研究会会報』第一八一号、二〇一〇年）
鄭栄桓『朝鮮独立への隘路　在日朝鮮人の解放五年史』法政大学出版局、二〇一三年

【第Ⅴ章】

류미나「『한일회담 외교문서』로 본 한・일간 문화재 반환교섭」（국민대학교일본학연구소편『외교문서 공개와 한일회담의 재조명 2 의제로 본 한일회담』선인、二〇一〇년）（柳美那「『韓日会談外交文書』に見る韓・日文化財返還交渉」（国民大学校日本学研究所編『外交文書公開と韓日会談の再照明 二 議題から見る韓日会談』先人、二〇一〇年、ソウル））

大韓民国政府『対日賠償要求調書』一九五四年

荒井信一『コロニアリズムと文化財―近代日本と朝鮮から考える』岩波書店、二〇一二年

【第Ⅵ章】

浅羽祐樹『したたかな韓国―朴槿恵時代の戦略を探る』NHK出版、二〇一三年

和田春樹『領土問題をどう解決するか―対立から対話へ』平凡社、二〇一二年

ロー・ダニエル『竹島密約』草思社、二〇〇八年

조윤수「한일회담과 독도：한국、일본、미국의 대응을 중심으로」（『영토해양연구』4호、二〇一二년）（趙胤修「韓日会談と独島：韓国、日本、米国の対応を中心に」〈『領土海洋研究』第四号、二〇一二年、ソウル〉）

【日韓会談全般】

李鍾元・浅野豊美・木宮正史編著『歴史としての日韓国交正常化（Ⅰ 東アジア冷戦編、Ⅱ 脱植民地化編）』法政大学出版局、二〇一一年

※朝鮮語版は국민대학교 일본학연구소편『외교문서 공개와 한일회담의 재조명（1 한일회담과 국제사회、2 의제로 본 한일회담）』선인、二〇一〇년（国民大学校日本学研究所編『外交文書公開と韓日

会談の再照明〈一　韓日会談と国際社会、二　議題からみる韓日会談〉』先人、二〇一〇年、ソウル）。
本書では日本語版収録論文を紹介する。以下、同書収録論文には『歴史Ⅰ』または『歴史Ⅱ』と付記する。
また、資料集としては、浅野豊美・吉澤文寿・李東俊・長澤裕子・金鉉洙編『日韓国交正常化問題資料』（現代史料出版）が二〇一〇年より刊行されている。

Alexis Dudden "Troubled apologies among Japan, Korea, and United States" Columbia University Press, 2008

金昌禄「韓国における韓日過去清算訴訟」（『立命館国際地域研究』第二六号、二〇〇八年）

金斗昇『池田勇人政権の対外政策と日韓交渉―内政外交における「政治経済一体路線」』明石書店、二〇〇八年

小竹弘子『隠される日韓会談の記録―情報公開の現状と問われる日本の民主主義』創史社、二〇一一年

박진희『한일회담　제1공화국의 대일정책과 한일회담전개과정』선인、二〇〇八년（朴鎮希『韓日会談　第一共和国の対日政策と韓日会談展開の過程』先人、二〇〇八年、ソウル）

李洋秀「韓国側文書に見る日韓国交正常化交渉一～四」（『戦争責任研究』第五三～五五、五七号、二〇〇六年、二〇〇七年）

【基本関係問題】

吉澤文寿「日韓国交正常化交渉における基本関係交渉」（『歴史Ⅱ』）

李元徳「日韓基本条約と北朝鮮問題―唯一合法性条項とその現在的含意」（『歴史Ⅰ』）

【請求権問題】

浅野豊美「サンフランシスコ講和条約と帝国清算過程としての日韓交渉」（『歴史Ⅱ』）

太田修「日韓財産請求権問題の再考―脱植民地主義の視角から」（『文学部論集』〈仏教大学〉第九〇号、二〇〇六年）

太田修「二つの講和条約と初期日韓交渉における植民地主義」（『歴史Ⅱ』）

太田修「もはや『日韓請求権協定で解決済み』ではすまされない　朝鮮人強制動員被害者への戦後補償をめぐって」（『世界』第八四八号、二〇一三年）

木宮正史「韓国の対日導入資金の最大化と最適化」（『歴史Ⅰ』）

張博珍「日韓会談における被害補償交渉の過程分析―『賠償』・『請求権』・『経済協力』方式の連続性」（『歴史Ⅰ』）

장박진『미완의 청산　한일회담 청구권 교섭의 세부 과정』역사공간、二〇一四년（張博珍『未完の清算　韓日会談請求権交渉の細部過程』歴史空間、二〇一四年、ソウル）

吉澤文寿「日韓請求権協定と戦後補償問題の現在―第二条条文化過程の検証を通して」（『体制移行期の人権回復と正義』〈平和研究　第三八号〉、早稲田大学出版部、二〇一二年）

吉澤文寿「日韓会談における請求権交渉の再検討―日本政府における議論を中心として」（『歴史学研究』第九二〇号、二〇一四年）

李鍾元「日韓の新公開外交文書にみる日韓会談とアメリカ一〜三―朴正煕軍事政権の成立から『大平・金メモ』まで」（『立教法学』第七六〜七八号、二〇〇九年、二〇一〇年）

李鍾元「日韓会談の政治決着と米国―『大平・金メモ』への道のり」（『歴史Ⅰ』）

李東俊「日韓請求権交渉と『米国解釈』―会談『空白期』を中心にして」（『歴史Ⅰ』）

【文化財問題】

クリスティン・キム「古美術品をめぐる国際政治—冷戦政治と朝鮮半島の文化財一九四五〜一九六〇年」（『歴史Ⅱ』）

長澤裕子「日韓会談と韓国文化財の返還問題再考—請求権問題からの分離と『文化財協定』」（『歴史Ⅱ』）

朴薫「日韓会談における文化財『返還』交渉の展開過程と争点」（『歴史Ⅱ』）

李洋秀「日韓会談と文化財返還問題」（『戦争責任研究』第七二号、二〇一一年）

【「在日韓国人」法的地位問題】

太田修「第一次日韓国交正常化交渉における在日朝鮮人の法的地位と処遇—植民地主義、分断、冷戦の交錯」（『社会科学』〔同志社大学〕第四四巻第二号、二〇一四年）

小林玲子「日韓会談と『在日』の法的地位問題—退去強制を中心に」（『歴史Ⅱ』）

崔永鎬「終戦直後の在日朝鮮人・韓国人社会における『本国』指向性と第一次日韓会談」（『歴史Ⅱ』）

盧琦霙「在日民団の本国指向路線と日韓交渉」（『歴史Ⅱ』）

玄武岩「日韓関係の形成期における釜山収容所／大村収容所の『境界の政治』」（『同時代史研究』第七号、二〇一四年）

吉澤文寿「日韓会談における『在日韓国人』法的地位交渉—国籍・永住許可・退去強制問題を中心に」（『朝鮮史研究会論文集』第四九集、二〇一一年）

【在日朝鮮人帰国運動】

菊池嘉晃『北朝鮮帰国事業―「壮大な拉致」か「追放」か』中央公論新社、二〇〇九年
テッサ・モーリス―スズキ『北朝鮮へのエクソダス 「帰国事業」の影をたどる』朝日新聞社、二〇〇七年

【漁業、竹島／独島領有権問題】

崔喜植「韓日会談における独島領有権問題―韓国と日本外交文書に対する実証的分析」（『歴史Ⅱ』）
山内康英・藤井賢二「日韓漁業問題―多相的な解釈の枠組み」（『歴史Ⅱ』）

【反対運動】

板垣竜太「日韓会談反対運動と植民地責任論―日本朝鮮研究所の植民地主義論を中心に」（『思想』第一〇二九号、二〇一〇年）
内海愛子「日韓条約と請求権―『朝鮮研究』などの同時代史的検証」（『歴史学研究』第九二一号、二〇一四年）
金鉉洙『日本における日韓会談反対運動―在日朝鮮人運動を中心に』二〇一一年度明治大学大学院博士学位請求論文
朴正鎮「日韓会談反対運動」（『歴史Ⅰ』）
朴正鎮『日朝冷戦構造の誕生 一九四五―一九六五 封印された外交史』平凡社、二〇一二年
吉岡吉典（吉澤文寿解説）『日韓基本条約が置き去りにしたもの―植民地責任と真の友好』大月書店、二〇一四年
吉澤文寿「日本の戦争責任論における植民地責任―朝鮮を事例として」（永原陽子編著『「植民地責任」論―脱植民地化の比較史』青木書店、二〇〇九年）

【その他】

安昭榮「韓日会談をめぐる日本の政策決定過程―一九六〇年の局面転換期を中心に」(『歴史Ⅰ』)
池田慎太郎「自民党の『親韓派』と『親台派』―岸信介・石井光次郎・船田中を中心に」(『歴史Ⅰ』)
金敬黙「日本のなかの『在日』と社会運動―市民運動と国際連帯による再検討」(『歴史Ⅰ』)
長澤裕子「戦後日本のポツダム宣言解釈と朝鮮の主権」(『歴史Ⅱ』)
ペテル・デュラナ「日本社会党の対朝鮮半島政策の源流と展開―一九五〇年代野党外交における未発の可能性」(『歴史Ⅰ』)
南基正「韓日船舶返還交渉の政治過程―第一次会談船舶分科委員会における交渉を中心に」(『歴史Ⅱ』)
朴正鎮「日韓会談と日朝関係―一九五〇〜一九五九年」(『歴史Ⅰ』)
樋口敏広「水産資源秩序再編におけるGHQ天然資源局と日韓関係」(『歴史Ⅱ』)
玄武岩「サハリン残留韓国・朝鮮人の帰還をめぐる日韓の対応と認識―一九五〇〜七〇年代の交渉過程を中心に」(『同時代史研究』第三号、二〇一〇年)

あとがき

私が初めての単著『戦後日韓関係――国交正常化交渉をめぐって』（図書出版クレイン、二〇〇五年六月に新装新版刊行予定）を上梓した二〇〇五年は日韓国交正常化から四〇周年でもあり、韓国政府が日韓会談関連外交文書をすべて開示した年でもあった。この年に、私は市民運動をされている方から、戦後補償問題を解決するためにも日本で日韓会談関連外交文書を開示させるべきだと呼びかけられたことがきっかけとなり、「日韓会談文書・全面公開を求める会」を結成し、その共同代表を務めることになった。多くの日韓両国の人々に支援されたこの市民団体の運動の成果として、日本政府は当該外交文書の開示決定をした。本書は二〇〇五年以降に日韓両国で開示された外交文書を主として活用して執筆したものである。

また、私は二〇〇六年四月より新潟国際情報大学に就職することができた。充実した教育および研究環境の下で、私は自分の仕事をすることができた。これからの大学はますます競争に晒されることになるが、この環境なくして、本書を上梓することはできなかったであろう。

そして、今日に至るまで、私はさまざまな方から研究会、シンポジウム、集会などに招かれ、優秀な研究者や活動的な市民の皆さんとともに、研究を進めることができた。そのたびに、日韓会談に関連するテーマを考察しては発表する機会が与えられた。本書はそれらの継続的な研究成果をさらに整理して、一冊にまとめたものである。本書に収められた各章の内容は次の論文または研究報告を基にしている。

＊第Ⅰ章＝「日韓国交正常化」（中野聡ほか編著『ベトナム戦争の時代　一九六〇—一九七五年〈岩波講座東アジア近現代通史　第8巻〉』岩波書店、二〇一一年）

＊第Ⅱ章＝「日韓国交正常化交渉における基本関係交渉」（浅野豊美・木宮正史・李鍾元編著『歴史としての日韓国交正常化Ⅱ　脱植民地化編』、法政大学出版局、二〇一一年）

＊第Ⅲ章＝「日韓請求権協定と戦後補償問題の現在　第二条条文化過程の検証を通して」（『体制移行期の人権回復と正義』〈平和研究　第三八号〉、早稲田大学出版部、二〇一二年）／「日韓会談における請求権交渉の再検討—日本政府における議論を中心として—」（『歴史学研究』第九二〇号、二〇一四年）

＊第Ⅳ章＝「日韓会談における『在日韓国人』法的地位交渉——国籍・永住許可・退去強制問題を中心に」（『朝鮮史研究会論文集』第四九集、二〇一一年）

＊第Ⅴ章＝（研究報告）「日韓会談における文化財交渉について—典籍をめぐる考察を中心に—」

（朝鮮王室儀軌研究会、九州大学韓国研究センター、二〇一一年二月一九日）

＊第Ⅵ章＝（研究報告）「日韓会談における竹島／独島領有権問題の解決策論議の検証―二〇一三年以降の外務省文書における新出部分を中心に―」（第五一回朝鮮史研究会大会パネル２「竹島／独島領有権問題の現代史的課題」、京都府立大学、二〇一四年一〇月一九日）

私が日韓会談の研究を始めたのは、東京学芸大学大学院教育学研究科修士課程に入学した一九九二年からである。実のところ、なぜこのテーマを選択したのか、はっきりと覚えていない。ただ、当時は元日本軍「慰安婦」をはじめとする、日本の戦争および植民地支配による朝鮮人被害者たちの問題が注目されていて、学生だった私はこのような現状の原点がどこにあるのか考え、このテーマを選んだのだと思われる。

日韓会談研究を始めてみたものの、わからないことが多すぎた私は、とにかく文献や史料を収集しながら、手探りを続ける毎日を過ごした。そのような折、高崎宗司先生が『世界』第五七三号（一九九二年九月）に執筆した論文「日韓条約で補償は解決したか」を読み、東京大学東洋文化研究所に日韓会談に関連する史料があることを知った。私は国立大学図書館間共通閲覧証を片手に、胸を高鳴らせながら、東大東文研を訪問したが、すぐに閲覧することができなかった。私は当時の所長であった松谷敏雄先生、そして後藤明先生と面談して閲覧許可を得た上で、ようやく韓国政府が作成した日韓会談会議録を閲覧した。それが日韓会談に関する一次記録との最初の出会いだった。コピーはしないという約束だったので、東大東文研に通っては、議事録の重要なところを、ひたすらノートに書き写した。

それらのメモをまとめて作成した修士学位請求論文「韓日会談における財産請求権問題の展開」を提出したのは一九九五年一月のことだった。あのときから二〇年も同じテーマで研究を続けているが、未だに日韓会談についてすべてわかったという確信は持っていない。ただ、二〇年前に比べると、日韓会談の何が問題であり、どういう問題に関連するのかということについて、いくらか見通しがよくなったと思う。日本と南北朝鮮との外交関係はもちろん、在日朝鮮人と日本社会、戦争責任および「植民地責任」、歴史認識から公文書の管理や情報公開の問題まで、日韓会談を研究することによって、さまざまな課題とのつながりが見えるという意味で、このテーマは日本で朝鮮問題を考えるときに立ち返るべき、まさに「原点」なのだと思う。

二〇一四年四月に高文研編集部の真鍋かおるさんからメールをいただいた。真鍋さんは嫌韓嫌中本が売場の一角を占有している日本の出版状況を憂い、旗田《はただ》巍《たかし》先生が執筆した『日本人の朝鮮観』(勁草書房、一九六九年)に続く本の執筆を提案してくださった。私にとって、このテーマで新著をものするのはあまりにも大きな仕事だった。だが、今まで発表してきた日韓会談に関する著作をまとめることで、真鍋さんの提案に応えることができないかと逆に持ちかけたところ、快諾を得ることができた。私の原稿を少しでも読みやすくするために真鍋さんから多くの提案をしていただき、私の力量の範囲で加筆修正に取り組んだ。また、私が信頼する勤務校のゼミ生にも原稿を読んで、気づいたところを指摘してもらった。

こうして日韓国交正常化五〇周年に合わせて本書が出版されるにあたり、お世話になったすべての方々に感謝申し上げるとともに、多くの方々からのご批判を請いたい。

二〇一五年六月

鳥たちのさえずりと子どもたちの笑い声が聞こえる

阿賀野川近くの自宅にて

吉澤文寿

吉澤 文寿（よしざわ・ふみとし）
1969年群馬県高崎市生まれ。一橋大学大学院社会学研究科博士後期課程修了（社会学博士）。新潟国際情報大学国際学部教授。専攻は朝鮮現代史、日朝関係史。元「日韓会談文書・全面公開を求める会」共同代表。
おもな著作は、『戦後日韓関係　国交正常化交渉をめぐって（新装新版）』（図書出版クレイン、2015年、単著）、永原陽子編著『「植民地責任」論　脱植民地化の比較史』（青木書店、2009年、共著）、浅野豊美・木宮正史・李鍾元編著『歴史としての日韓国交正常化Ⅱ　脱植民地化編』（法政大学出版局、2011年、共著）、安藤正人・久保亨・吉田裕編著『歴史学が問う　公文書の管理と情報公開　特定秘密保護法下の課題』（大月書店、2015年、共著）、吉澤文寿編著『五〇年目の日韓つながり直し　日韓請求権協定から考える』（社会評論社、2017年、共著）、吉澤文寿編著『歴史認識から見た戦後日韓関係「1965年体制」の歴史学・政治学的考察』（社会評論社、2019年、共著）など。

日韓会談1965
――戦後日韓関係の原点を検証する

●二〇一五年 六 月二二日――――第一刷発行
●二〇一九年一〇月 一 日――――第二刷発行

著　者／吉澤 文寿

発行所／株式会社 高文研
東京都千代田区猿楽町二・一・八
三恵ビル（〒一〇一・〇〇六四）
電話03＝3295＝3415
http://www.koubunken.co.jp

印刷・製本／三省堂印刷株式会社

★万一、乱丁・落丁があったときは、送料当方負担でお取りかえいたします。

ISBN978-4-87498-570-0 C0021